U0906003

高等法律职业教育系列教材
审定委员会

高等法律职业教育系列教材

亚伟速录技术的司法应用（上）

YAWEI SULU JISHU DE SIFA YINGYONG(SHANG)

总主编○盛永彬

主　编○李　娜　唐　骥

撰稿人○(按姓氏笔画排序)

王　芳　杨凤妍　李　娜　李元华

李东生　张　瑶　唐　骥　盛永彬

中国政法大学出版社

2019 · 北京

图书在版编目（CIP）数据

亚伟速录技术的司法应用. 上/李娜，唐骥主编. —北京：中国政法大学出版社，2019.2（2025.10重印）

ISBN 978-7-5620-8827-1

Ⅰ.①亚… Ⅱ.①李…②唐… Ⅲ.①法律－工作－汉字－速记－教材②法律－工作－汉字信息处理－教材 Ⅳ.①D92②H126.1

中国版本图书馆CIP数据核字(2019)第036112号

出版者　中国政法大学出版社

地　址　北京市海淀区西土城路 25 号

邮　箱　fadapress@163.com

网　址　http://www.cuplpress.com（网络实名：中国政法大学出版社）

电　话　010-58908435（第一编辑部）58908334（邮购部）

承　印　固安华明印业有限公司

开　本　787mm×1092mm　1/16

印　张　11.75

字　数　243 千字

版　次　2019 年 2 月第 1 版

印　次　2025 年 10 月第 2 次印刷

印　数　3001~5000 册

定　价　32.00 元

总序

高等法律职业化教育已成为社会的广泛共识。2008年，由中央政法委等15部委联合启动的全国政法干警招录体制改革试点工作，更成为中国法律职业化教育发展的里程碑。这也必将带来高等法律职业教育人才培养机制的深层次变革。顺应时代法治发展需要，培养高素质、技能型的法律职业人才，是高等法律职业教育亟待破解的重大实践课题。

目前，受高等职业教育大趋势的牵引、拉动，我国高等法律职业教育开始了教育观念和人才培养模式的重塑。改革传统的理论灌输型学科教学模式，吸收、内化"校企合作、工学结合"的高等职业教育办学理念，从办学"基因"——专业建设、课程设置上"颠覆"教学模式："校警合作"办专业，以"工作过程导向"为基点，设计开发课程，探索出了富有成效的法律职业化教学之路。为积累教学经验、深化教学改革、凝塑教育成果，我们着手推出"基于工作过程导向系统化"的法律职业系列教材。

《国家（2010～2020年）中长期教育改革和发展规划纲要》明确指出，高等教育要注重知行统一，坚持教育教学与生产劳动、社会实践相结合。该系列教材的一个重要出发点就是尝试为高等法律职业教育在"知"与"行"之间搭建平台，努力对法律教育如何职业化这一教育课题进行研究、破解。在编排形式上，打破了传统篇、章、节的体例，以司法行政工作的法律应用过程为学习单元设计体例，以职业岗位的真实任务为基础，突出职业核心技能的培养；在内容设计上，改变传统历史、原则、概念的理论型解读，采取"教、学、练、训"一体化的编写模式。以案例等导出问题，根据内容设计相应的情境训练，将相关原理与实操训练有机地结合，围绕关键知识点引入相关实例，归纳总结理论，分析判断解决问题的途径，充分展现法律职业活动的演进过程和应用法律的流程。

法律的生命不在于逻辑，而在于实践。法律职业化教育之舟只有驶入法律实践的海洋当中，才能激发出勃勃生机。在以高等职业教育实践性教学改革为平台进行法律职业化教育改革的路径探索过程中，有一个不容忽视的现实问题：高等职业教育人才培养模式主要适用于机械工程制造等以“物”作为工作对象的职业领域，而法律职业教育主要针对的是司法机关、行政机关等以“人”作为工作对象的职业领域，这就要求在法律职业教育中对高等职业教育人才培养模式进行“辩证”地吸纳与深化，而不是简单、盲目地照搬照抄。我们所培养的人才不应是“无生命”的执法机器，而是有法律智慧、正义良知、训练有素的有生命的法律职业人员。但愿这套系列教材能为我国高等法律职业化教育改革作出有益的探索，为法律职业人才的培养提供宝贵的经验、借鉴。

2016 年 6 月

序言

我国正处于经济结构转型升级与新一轮科技革命和产业变革的历史交汇期，以速度和数量为中心的发展方式将逐渐被以效率和质量为中心的发展方式所代替，中国特色社会主义已开启了新时代。国家经济社会的迅猛发展和国力的不断提升，必将促进速录事业更快、更高、更好地发展。“一带一路”、雄安经济区建设、西部大开发、国家重大改革方案措施的推广，都有速录师的身影。

我国速录的发展拥有120多年的历史，其间经历了由手写速记向机械速记、再到电子速记的发展历程。伴随着数字技术的发展，中国速录设备不断更新，技术成熟度越来越高。唐亚伟先生发明的“亚伟中文速录机”早在10年前就荣膺了国家科技发明二等奖和北京市科学技术一等奖等荣誉。如今，亚伟中文速录机已发展了四代机型。随着“亚伟”最新一代机型的问世，无疑将进一步促进我国速录技术水平的提升。

速录教育已经由高职向中职、本科延伸，虽然中职刚刚起步，本科院校开设的速录课程还不是很多，但随着职业教育中高职、专本科的衔接，各级各类技能大赛的开展，以及我国司法系统书记员制度改革等政策的落实，速录教育的发展必将促进我国速录技术走在世界前列。

根据《国务院关于加快发展现代职业教育的规定》（国发［2014］19号）关于办好全国职业院校技能大赛的要求，北京市速记协会特此申请了文秘速录赛项，并获得国家教育部的批准，至今已连续成功举办5届，已经逐步形成了包括速录“国赛”、“行业赛”、省赛、市赛、校赛在内的各级速录技能竞赛体系。以行业为主导的速录师技能等级考试及国家相关部门的职业资格鉴定体系的不断完善，也将促使更多速录人上等级、上台阶。因此，随着速录技能竞赛体系与考证体系的不断完善，必将促进我国的速录技能和水平更上一层楼。

掌握一技之长对于高职院校的学生来说，既能够丰富自己的人生阅历，也可以为自己的就业或创业提供保障。尤其是司法体制改革，为速录人就业择业提供了广泛的发展空间。

本书正是基于此而编写，以满足现阶段乃至今后一段时期不同层次不同类型的教学与培训的需要。

《亚伟速录技术的司法应用》上册设五个单元和四份附表，单元一和单元五部分项目由李东生编写，单元二和单元四由李元华编写，单元三、单元五的法律类内容和附表由李娜编写。盛永彬任《亚伟速录技术的司法应用》上、下册总主编，上册由李娜、唐骥任主编，张瑶协助主编编审。该书在编写过程中得到了中国中文信息学会速记专业委员会杨凤妍、王芳二位同志和广州中级人民法院、广州铁路法院等相关单位的大力支持和帮助，在此一并表示感谢！同时衷心期望广大读者对不足之处，予以批评指正。

编　者

2018 年 6 月于广州

目录

第一单元

速录的发展及软件的使用

知识目标

让学生初步了解速录发展的历史、今后的就业方向、一些大型比赛的基本常识以及我们身边的速录。

能力目标

通过学习，让学生能够熟练安装速录设备，能够熟练使用一些常用的速录软件。

项目一：速录的发展历史以及中外速录机对比

一、速录的发展历史

1993 年中国速录代表团出席第 40 届国际速联大会，成为国际速联会员。

速录机发明人唐亚伟教授完成中文速录机方案设计，并开办首个速录培训班。

1994 年 5 月 19 日，“亚伟中文速录机”在全国计算机产品北京交易会上展示，标志着世界上第一台中文速录机诞生。同年，速录机通过了国家劳动部职业技能与技术鉴定。

1995 年在第四届世界妇女大会上，速录师第一次完成现场速录。1996 年“亚伟速录”技术被列入国家火炬计划项目。

北京晓军办公设备有限公司创建中国首个速录服务平台，第一批职业速录师上岗，标志着速录服务专业模式诞生。

1997 年最高人民法院发出通知要求全国法院推广使用“亚伟速录”技术。自此，我国法院庭审记录迈向现代化。1998 年最高人民法院院长肖扬同志为法院速录工作亲笔批示：“此事甚好，应积极推进。各级法院领导应大力支持，开创法院现代化（包括庭审记录、办案、办公现代化）新局面”。

1999 年新浪网在“嘉宾聊天室”中，首次采用速录技术记录嘉宾访谈的现场文字，标志着网络文字直播的开始。

2001 年研发成功全球首个中文语音速录编辑系统“亚伟速录语音伴侣”；2002 年全国人大信息中心组建专职速录队伍，全国人大会议信息处理实现电脑速录；2003 年劳动部颁布《速录师》国家职业标准，将“速录师”纳入国家职业体系；2004 年外交部聘用速录师为中央领导的公务活动进行同声记录，标志着中文速录技术高端应用的开始。唐亚伟教授荣获国际速联“终身荣誉奖”，标志着中文速录形成国际影响力；2005 年“亚伟中文速录机”荣获 2005 年度北京市科学技术一等奖；2006 年“亚伟中文速录机”荣获首届钱伟长中文信息处理科学技术一等奖；2007 年“亚伟中文速录机”荣获国家技术发明二等奖。

2008 年行业刊物《速友》创刊并发布中国速录吉祥物，标志着我国速录文化的形成。

2009 年北京第 47 届国际速联大会召开，成立了将总部设在中国的国际速录教育委员会。

2010 年“全国首届秘书职业技能竞赛速记记录单项竞赛暨‘亚伟杯’第二届全国青年速录大赛”在河北软件职业技术学院举办，标志着速录与文秘的结合。

2011 年中国残疾人联合会信息中心聘请速录师团队首次向全球听障人提供中央电视台春节联欢晚会节目网络字幕直播，拉开了中文速录电视字幕直播的序幕。

随着巴黎第 48 届国际速联大会召开，教育委员会出版国际速联第一本论文集，标志着中国速录教育研究走在世界前列。

“2011 亚伟速录高校人才培养与发展论坛”在清华大学科技园国际会议中心举行，成立了“亚伟速录专业建设工作委员会”。

二、各国不同速录机展示

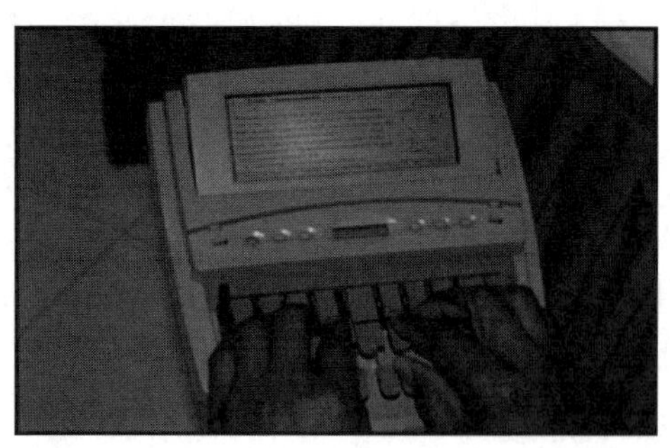

图 1－1－1　美国速录机

图 1－1－2　意大利速录机

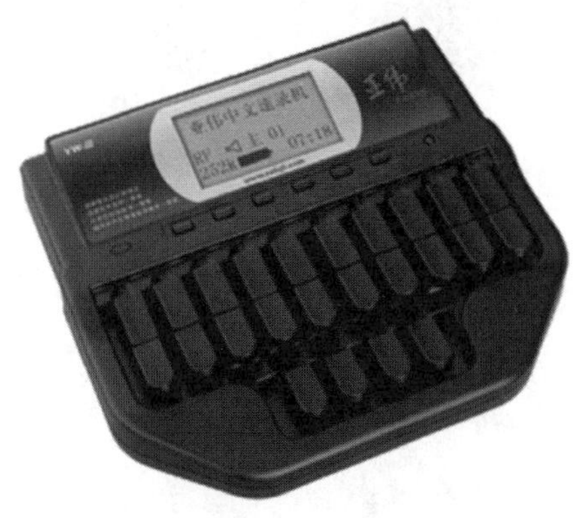

图 1－1－3　中文亚伟速录机　无线Ⅲ型

图 1－1－4　中文亚伟速录机　无声商务机

项目二：速录的用途及就业方向

图 1-2-1

速录技能可用于会议服务、网络直播、政府、企业内部会议、文字录入、配置字幕、口授记录、录音整理、办公文秘等行业。

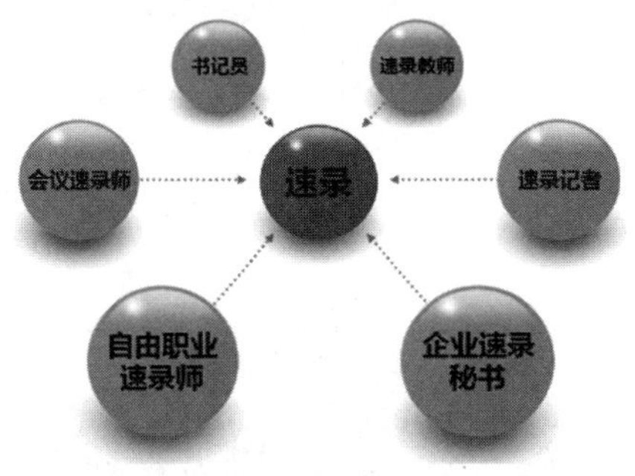

图 1-2-2

与速录相关的职业有法院书记员、速录教师、速录记者、企业速录秘书、自由职业速录师、会议速录师等。

项目三：全国高职院校文秘（速录）职业技能大赛

全国职业院校技能大赛是由中华人民共和国教育部发起，联合相关部门、行业组织和地方共同举办的一项全国性职业院校学生技能竞赛活动。大赛作为我国职业教育工作的一项重大制度设计与创新，深化了职业教育教学改革，推动了产教融合、校企合作，促进了人才培养和产业发展的结合，扩大了职业教育的国际交流，增强了职业教育的影响力和吸引力。

全国高职院校文秘（速录）职业技能大赛分为四个大的板块，第一部分为实时速录与文书整理；第二部分为文字校对与文本速录；第三部分为蒙目速录；第四部分为模拟办公管理与办公室实务操作。

图 1－3－1

图 1－3－2

训练内容

任务一：速录机的安装与使用

速录机的安装：

1．将数据线 USB 端口连接至电脑，另一端连接速录机。

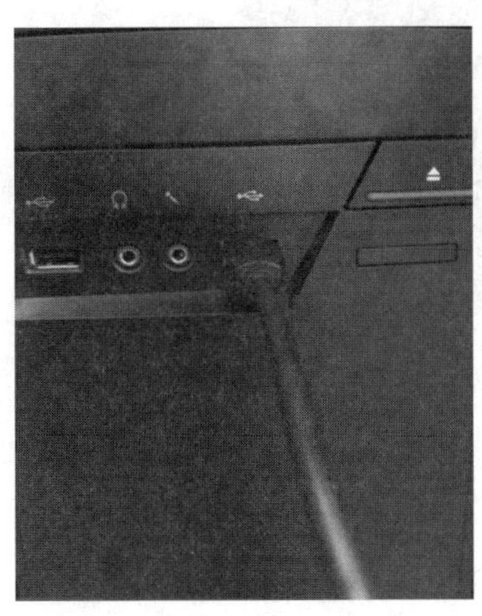

图 1－3－3

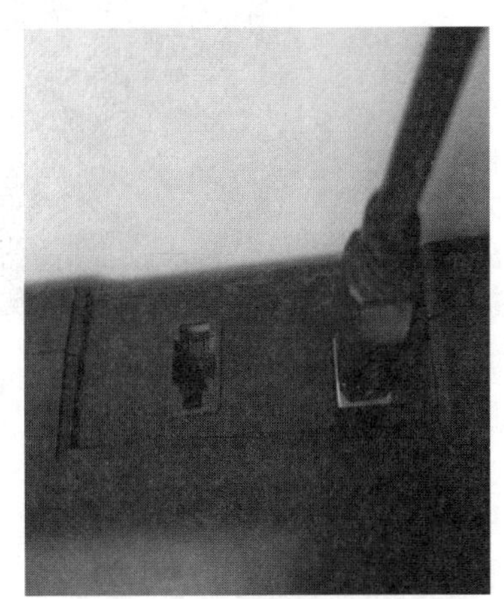

图 1－3－4

2．将电脑打开。

图 1－3－5

3．按下中文速录机开关，指示灯闪烁即为打开状态。

图 1－3－6

4. 打开亚伟中文速录机版本6。

图1-3-7

5. 随意击打速录机，若上屏即为安装成功。

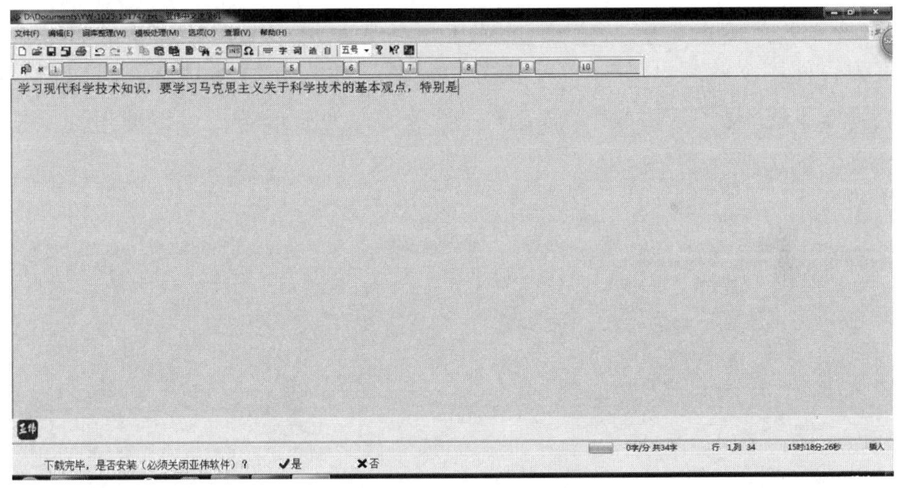

图1-3-8

任务二：速录机的原理以及使用原则

速录机的原理：亚伟中文速录机共有24键，分为声码区和韵码区，其中拇指和食指的负责区域为声码区，中指、无名指、小指的负责区域为韵码区（中指负责的I键也可做声码）。拇指负责的键位为X、B，食指负责的键位为D、Z、G、W，中指负责的键位为I、U，无名指负责的键位为N、E，小指负责的键位为A、O，每个手指各司其职，在击打的过程中切忌篡位击打。除拇指使用其外侧来击打外，其他每个手指都使用指尖或指肚的位置来击打。亚伟中文速录机采用声韵相拼的原则，可击打出所有的汉字拼音。

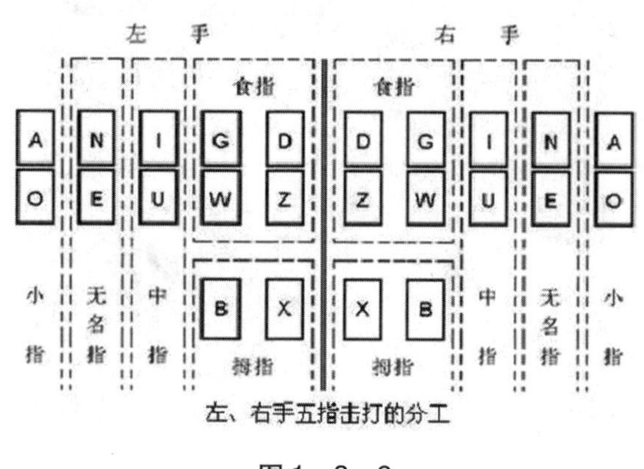

左、右手五指击打的分工

图 1－3－9

任务三：常用速录软件的使用

1. 亚伟中文速录机 6.0。亚伟中文速录机 6.0 是最新的亚伟速录软件，与亚伟中文速录机配合使用，此软件共有 2 种状态，分别是插入和添加状态，可以用菜单栏里的 INS 或用速录机击打 XU：BZA 来切换。屏幕下方为显示条，可以通过速录机操作来进行同音字词的选择。

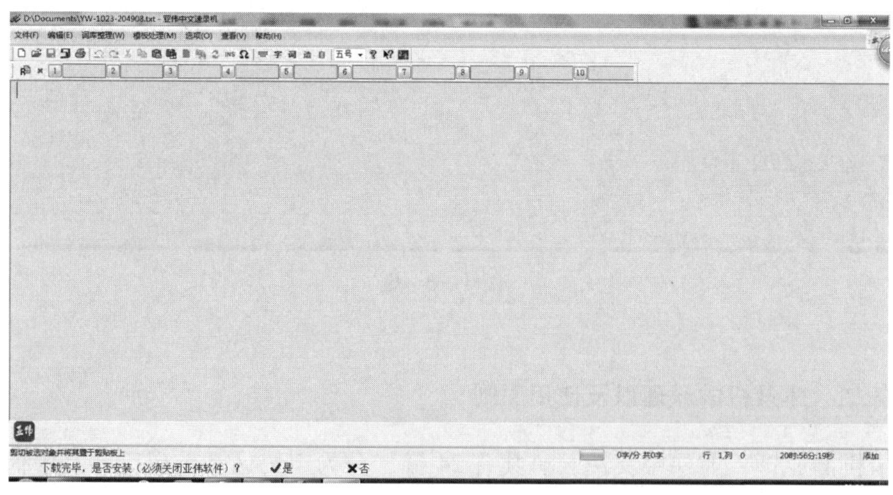

图 1－3－10

2. 判卷软件。此软件是亚伟中文速录机 6.0 自带的评卷系统，可以进行一篇文章的准确率对比，也可以进行批量比对，同时显示正确率。在使用时，可以把标点符号忽略，只对文字进行比对。评卷完成后可以看到正确率、正确字数、打错字数、少打字数、多打字数以及标准文本（段）。

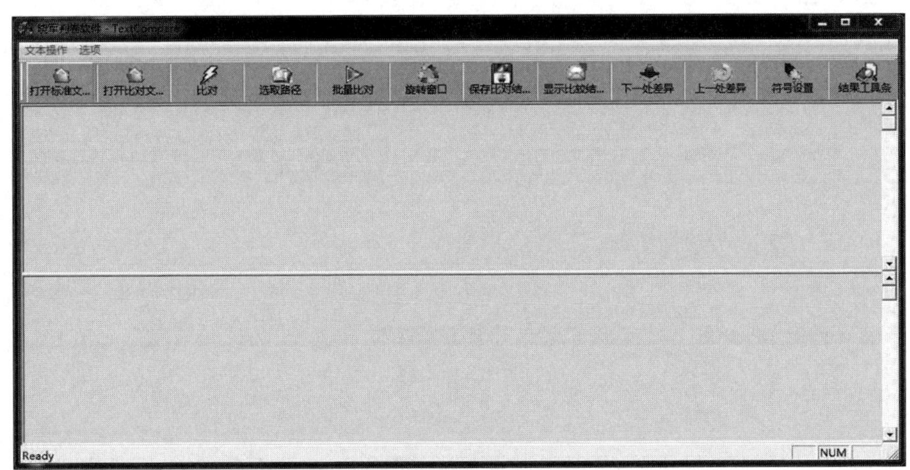

图 1－3－11

3. 自由测速。在使用自由测速的时候，需先把亚伟中文速录机 6.0 最小化，双手并击 DGIN 调出外挂显示条，把光标放入输入框内即可进行文字录入。在自由录入的状态下软件可以显示当前速度和平均速度。录入完成后点停止，然后可以存盘，保存所录入的内容。

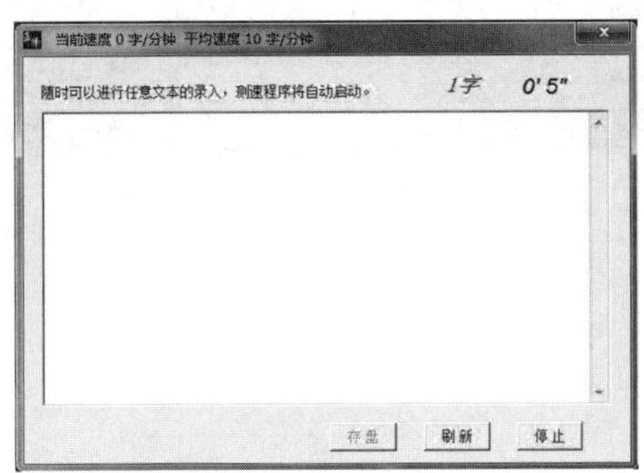

图 1－3－12

4. 跟打器。跟打器是对文章或词语进行技巧分析，在导入文章或词语之后，右击任意空白处进行功能项的选择，最常用的是标记字词，也就是单音字特定和略码的标记，不同的技巧会用不同的颜色标记出来。跟打器的下半部分为输入框，在输入框中输入文字，如果录入有错误，在上半部分会有红色底纹提醒。

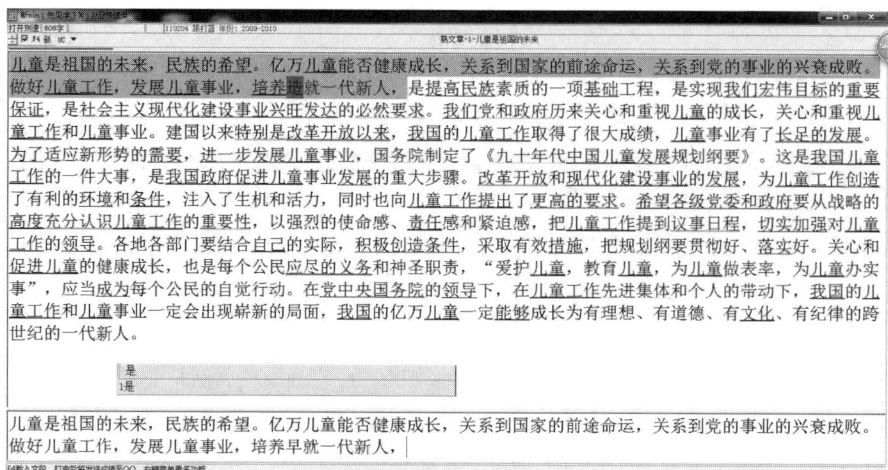

图 1－3－13

5. 无线速录机通道号设置程序。此程序主要是在双机操作的时候用于调试速录机通道的，不同的两台速录机设置为同一通道即可在同一台电脑上使用。一台可设为“主”，一台可设为“从”，即一个人为主打，一个人为辅打，这样在开会的时候就可以一个人进行录入，一个人进行修改。

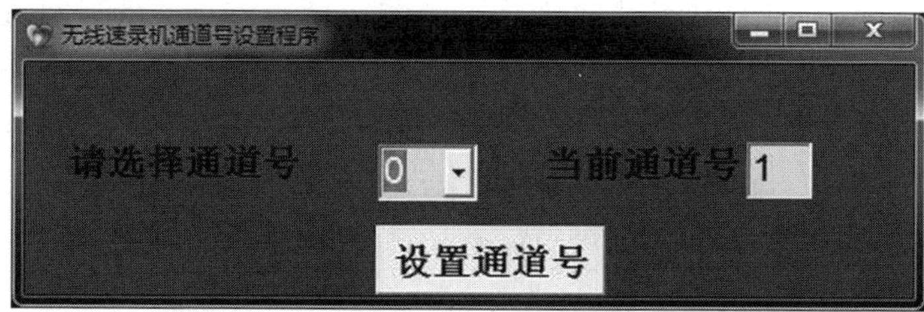

图 1－3－14

第二单元

基础键位与指法

知识目标

熟记亚伟速录机的键位分布；明确亚伟速录正确的坐姿和指法；了解声码、韵码的编码原理及双手多指并击的击打方式；掌握如何使用亚伟速录软件进行练习和测试。

能力目标

培养学生运用正确的指法熟练使用速录机并能准确击打键位的能力；使学生能够熟练进行双手并击、多指并击等击键方法进行听打和看打；训练学生可以根据汉语拼音声韵相拼的原则进行声码、韵码组合击键的能力；培养学生能够独立运用速录软件进行各种练习和测试，从而实现自我评价和改进。

本单元主要讲基本指法和基础键位，这些内容是亚伟中文速录培训的核心内容，可以说是最基础也是最关键的部分。指法是否标准、基础键位是否准确掌握，决定了日后提速阶段所需要的时间以及学习者最终能达到的速录水平。因此，在本单元的学习过程中，同学们一定要严格按照规范的坐姿、指法进行训练，养成正确的指法和击键习惯，为提速阶段打下坚实的基础。

项目一　键位、坐姿与指法

一、亚伟中文速录机的键位

（一）亚伟中文速录机键位分布（图2－1－1）

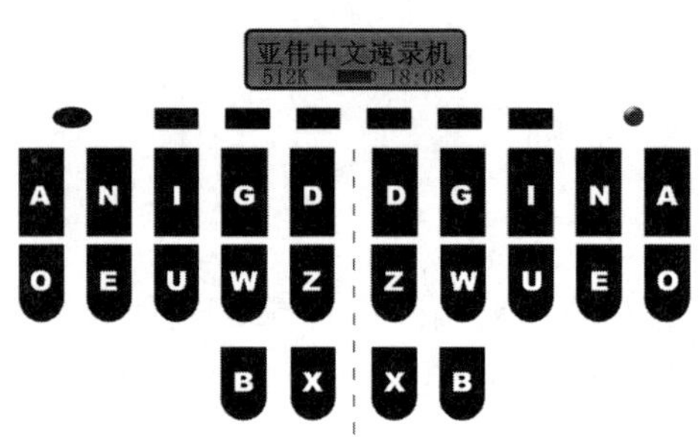

图2－1－1　亚伟中文速录机键位分布图

亚伟速录机整个键盘共24个键位，呈左右对称分布，两边键位码完全一致，因此左右两手都能打出完整的汉字音节。使用亚伟速录机，既可实现单手录入单个汉字音节，又可以双手并击，一次击打实现两个汉字音节的录入。

（二）键位码读音及例字（表2－1－1）

表2－1－1　亚伟中文速录机键位码读音

键位码	X	B	D	Z	G	W	I	U	N	E	A	O
拼音注音	xi	bu	de	zhi	ge	wa	yi	wu	en	e/ei	a	wo/o
汉字注音	西	不	的	之	哥	挖	衣	乌	恩	额	啊	我

亚伟速录机左右各12个键位码按照一定的规则组合，可以组合出汉语拼音所有的声码、韵码及相应音节，这种特殊的编码统称为“亚伟码”。键位码是按照一定的顺序排列的，即如上表2－1－1所示，将“X”“B”放在最前面，然后按照“从上到下，从中间到两边”的原则进行排列（但根据认读习惯，凡是“N”“A”同时出现的情况，还是写作“AN”）。

12个基础键位中，除“B”“Z”“W”需特殊记忆外，基于键位码读音和汉语拼音中大家熟悉的读法基本一致，便于记忆。

“X”“W”为两个功能键，不能直接代表其对应的字母及呼读的音节。

“E”“O”两个键位直击时，屏幕显示的相应音节为“额”“我”，这也是我们所谓的键位码的读音。但是在后面声韵相拼的实际运用中，“E”键对应是“e”“ei”两个韵母，“O”键对应的是“o”“uo”两个韵母。因此在这里加以标示，便于同学们后期更好地理解。

亚伟中文速录机的编码有其独特原则，除功能键 X、W 外，每一个键位码都既可表示一个对应的声母或者韵母，又可表示一个独立的音节。以“B”为例：

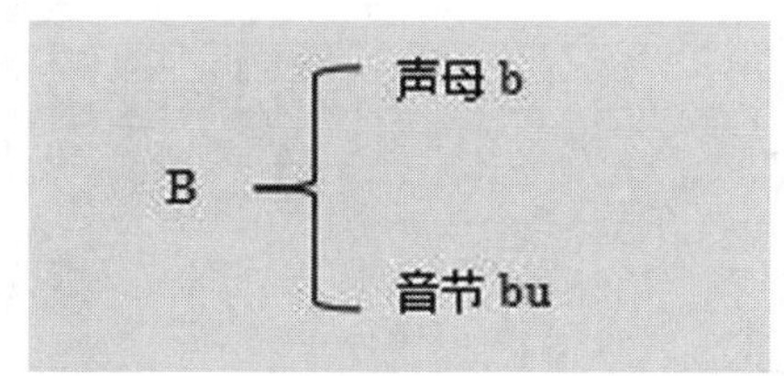

键位码“B”既可表示声母“b”，与其他韵母相拼组成相应音节，如与“a”相拼组成“ba”，与“o”相拼组成“bo”；又可单独使用，表示音节“bu”。因此，击打“bu”这个音节相应的字时，击打“B”键即可，不再需要使用“B”+“U”键的组合。其他亚伟码亦遵循此原理。

二、亚伟中文速录机的坐姿与指法

（一）坐姿

使用亚伟中文速录机时规范坐姿如图 2－1－2 所示：

图 2－1－2 操作亚伟中文速录机时的规范坐姿

1. 身体端坐，上身挺直，双腿自然并拢，大腿高度与地面平行为最佳。
2. 肩部放松，上臂自然下垂（肘部不要外展），前臂平伸。

3. 左右手五指自然弯曲，轻轻放在键盘的相应位置上（具体摆放位置见图 2－1－3）。

4. 眼睛平视前方电脑屏幕。

以上各部位均要求做到轻松、自然、舒适。

（二）指法

操作亚伟速录机时手指具体摆放位置如图 2－1－3、图 2－1－4 所示：

图 2－1－3　速录机基本手形

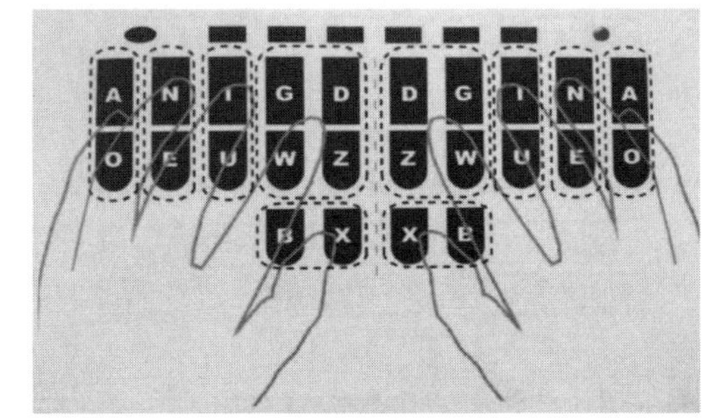

图 2－1－4　手指分布图

1. 左右两手对称摆放，左手控制左边 12 个键，右手控制右边 12 个键。

2. 拇指位于“X”“B”键之间（自然轻放，指关节不要向内凸出）；负责控制“X”“B”两个键（如图 2－1－5 所示）。

3. 食指位于“G”键上或“D”“Z”“G”“W”键中间（以自然舒适为原则）；负责控制“D”“Z”“G”“W”四个键。

4. 中指位于“I”键；负责控制“I”“U”两个键。

5. 无名指位于“N”键；负责控制“N”“E”两个键。

6. 小拇指位于“O”键或“A”“O”键之间；负责控制“A”“O”两个键。

各手指分工如图 2－1－5 所示：

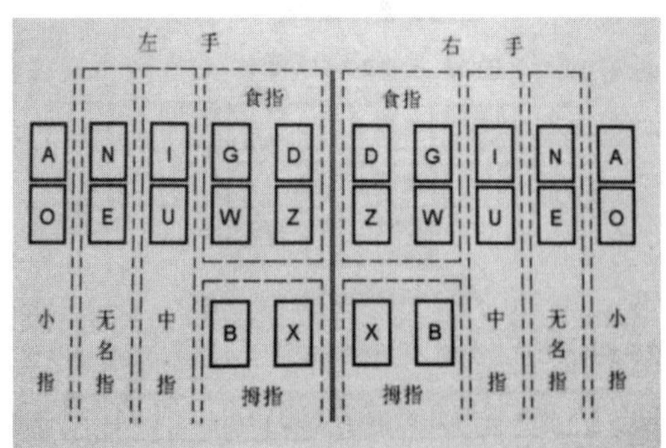

图 2－1－5　手指分工图

击打键位时，大拇指用第一关节内侧击键，其余手指用指尖或上指腹按键。各手指虽有分工，但个别情况下，需灵活借用中指、无名指和小拇指前移击打相邻键位以实现某些音节的击打。

操作速录机时，两个手掌自然平放在速录机呈“八”字，手背、手腕、上臂自然悬起，并基本保持在一个水平线上。

三、课堂训练

1. 使用亚伟速录机时，一定要坚持盲打。所谓“盲打”就是在打字击键的过程中，眼睛要直视电脑屏幕或提示行，而不是速录机，不能用眼睛“找”键位，而是要通过“手指记忆”，让手指自然、迅速、准确地去击打键位。

2. 学习基础键位阶段，要坚持“击键一次—迅速回位—再一次击键”的练习方式，也就是每完成一次击键，手指都要回归基本手形准备下一次击键，也就是我们常说的“回位”，重复击打同一键位时也要遵循此原则。只有这样才能尽快地使双手熟悉键盘键位的分布，实现“手指记忆”。

3. 打字时手腕不要下压或向上拱起，自然悬起，保持放松；双手同时按键，手指发力（而不是通过手臂或肩膀的力量），各个手指用力要均衡，轻快地“按压”即可，不要用力过重，动作要富有弹性，同时手指随着键的回弹而迅速抬起。

4. 不参与击键的手指应尽量保持位置不变，每次击键都要尽量保持在标准手形的基础上做最小幅度的移动。养成好的手形和练就正确的指法有利于准确率和速度的提升。

5. 要养成看提示行的习惯，因为我们击打的文字是首先显示在提示行上（基础键位阶段我们只要求“音对”，后期的学习会涉及选词），屏幕的显示是滞后于手指的击键的。

（一）自由训练

保持正确的坐姿与手形，尝试用每个手指击打其对应的键位，双手保持同步；打开亚伟中文速录机软件（如下图 2 –1 –6 所示），进行以下操作练习：

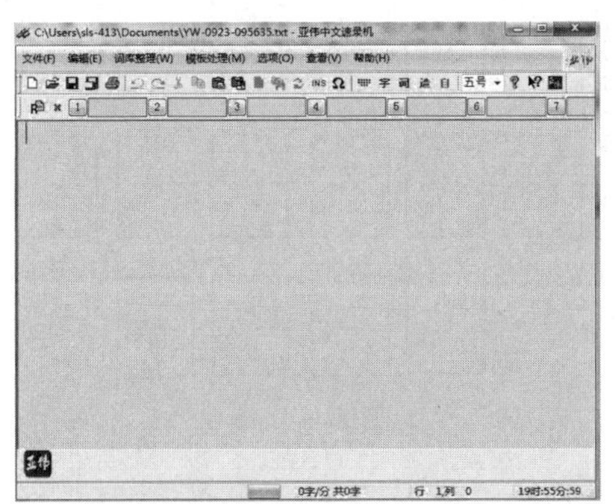

图 2 –1 –6　亚伟速录软件（版本 6）输入界面

1. 双手拇指同时击打“X”键“X：X”，如图 2－1－7 所示：

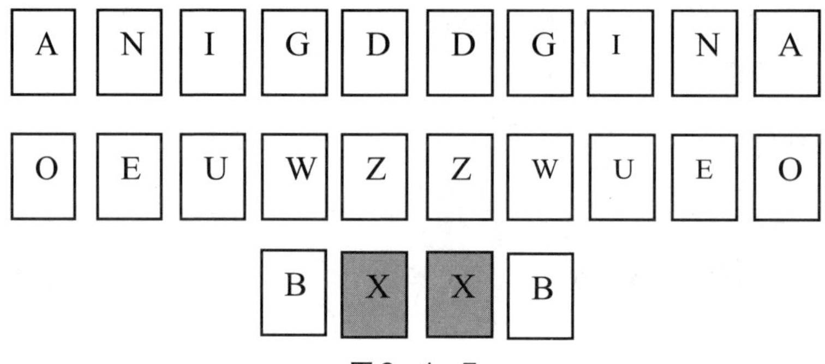

图 2－1－7

2. 双手拇指同时击打“B”键“B：B”，如图 2－1－8 所示：

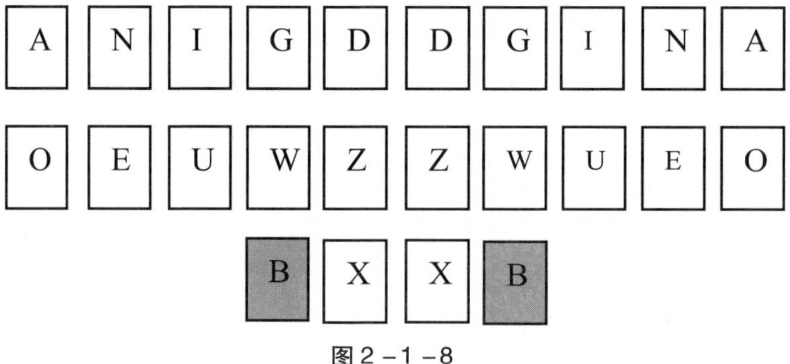

图 2－1－8

3. 双手食指同时击打“D”键“D：D”，如图 2－1－9 所示：

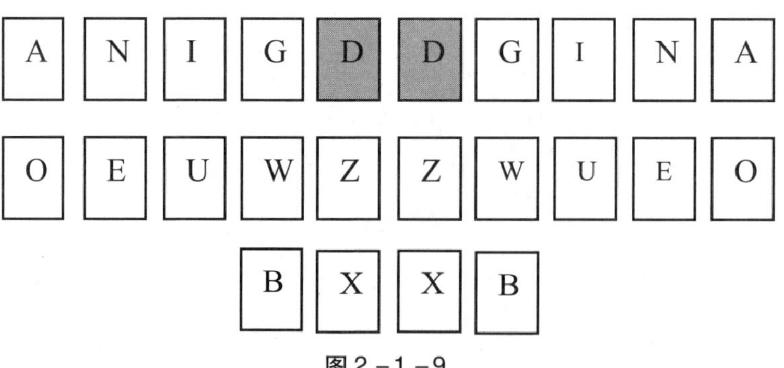

图 2－1－9

4. 双手食指同时击打“Z”键“Z：Z”，如图 2－1－10 所示：

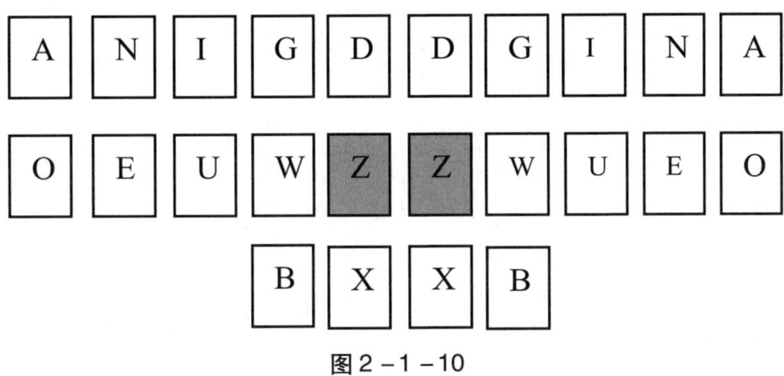

图 2－1－10

5. 双手食指同时击打“G”键“G：G”，如图 2－1－11 所示：

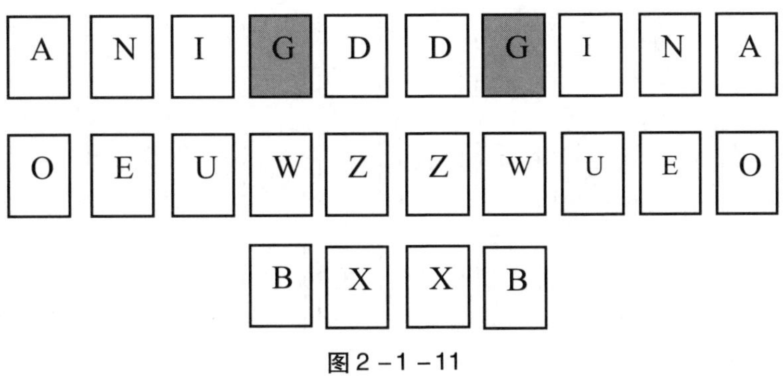

图 2－1－11

6. 双手食指同时击打“W”键“W：W”，如图 2－1－12 所示：

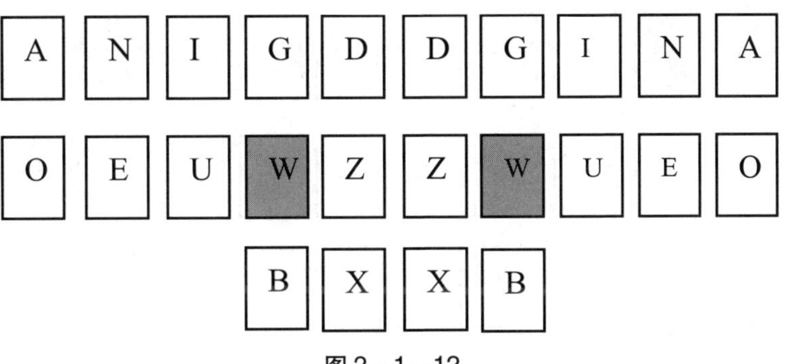

图 2－1－12

7. 双手中指同时击打“I”键“I：I”，如图 2－1－13 所示：

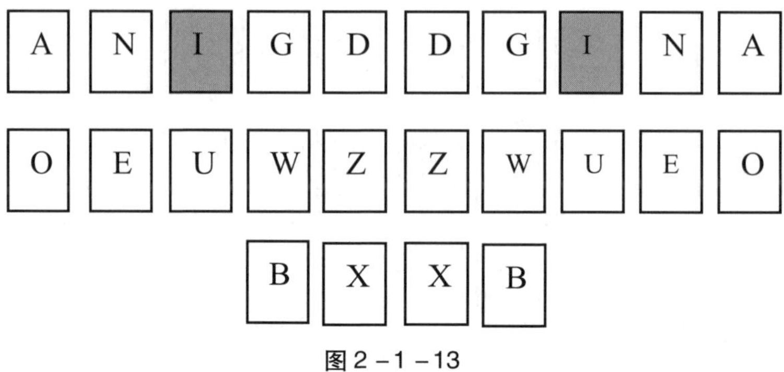

图 2－1－13

8. 双手中指同时击打“U”键“U：U”，如图 2－1－14 所示：

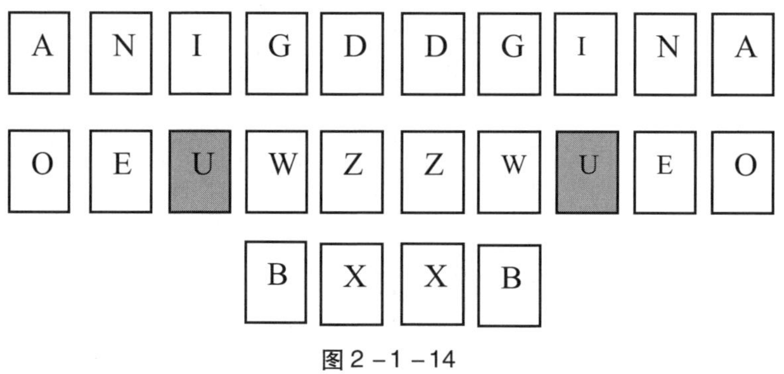

图 2－1－14

9. 双手无名指同时击打“N”键“N：N”，如图 2－1－15 所示：

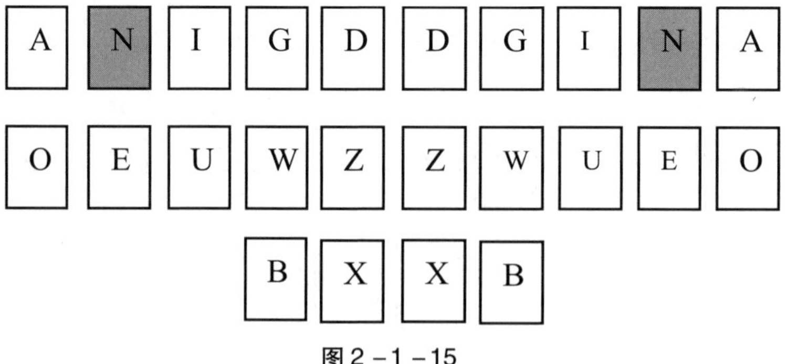

图 2－1－15

10. 双手无名指同时击打“E”键“E：E”，如图 2－1－16 所示：

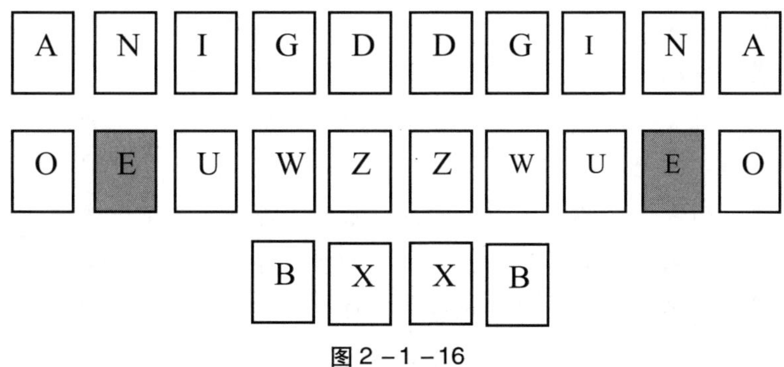

图 2－1－16

11. 双手小拇指同时击打“A”键“A：A”，如图 2－1－17 所示：

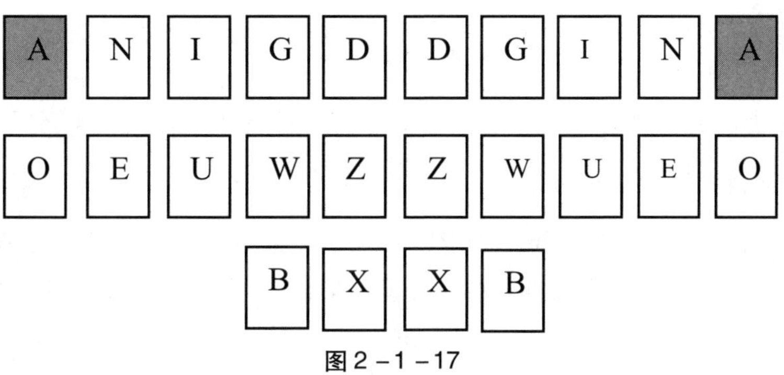

图 2－1－17

12. 双手小拇指同时击打“O”键“O：O”，如图 2－1－18 所示：

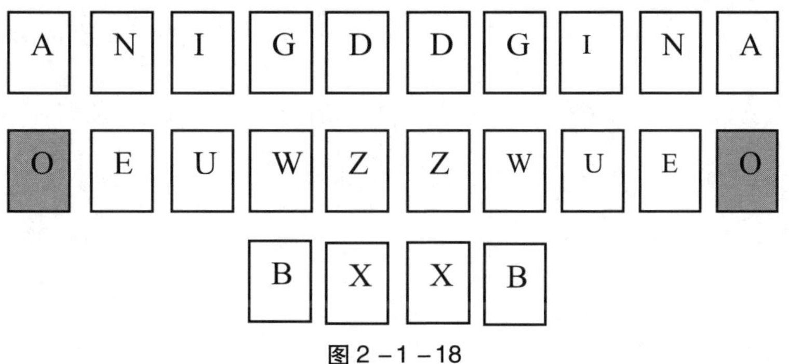

图 2－1－18

（二）看打练习

打开“亚伟中文速录机（版本 6）”，完成下列看打练习。

1. 看打练习 2－1－1：

啊啊　喔喔　恩恩　谔谔　意义　无误　各个　德德　制止　步步
无误　恩恩　意义　各个　步步　德德　制止　无误　谔谔　喔喔
意义　无误　恩恩　谔谔　啊啊　喔喔　的的　制止　各个　啊啊
恩恩　喔喔　意义　制止　步步　各个　谔谔　啊啊　步步　德德

2. 看打练习 2－1－2：

我一　恩德　额我　义务　物质　的恩　植物　不得　啊恩　布格
我无　恩之　额恩　义务　无不　的额　啊我　布置　啊额　我哥
恩不　额啊　一个　个啊　得以　制革　德乌　阿姨　我的　额啊
恶意　医德　葛沃　德乌　值得　阿武　我支　额我　讹误　一直
戈恩　德格　恩格　阿哥　我不　武德　额个　异步　歌舞　德德
支部　阿德　恩啊　恩额　额的　五阿　各异　得知　不啊　啊之
恩我　恩一　遏制　无我　歌舞　德布　不我　阿布　啊我　恩物
颚部　吴恩　歌德　之啊　布恩　我啊　恩额　恩德　伊阿　无恶
搁置　知我　不额　旨意　恩一　恩之　一窝　无疑　葛布　知恩
不一　沃恩　恩物　恩不　伊恩　无误　的啊　谔谔　无不　我饿

（三）测试内容与评价标准

1. 请大家打开亚伟练习系统（如图 2－1－19 所示），选择“打字练习—键位练习—练习方式—准确率练习”（如图 2－1－20 所示），找到亚伟资料包中的键位练习文件（“C：\YWWin\ 键位及音节码 \ 第 01 讲 \ 01 键位练习”），进行练习和测试。要求准确率 100%，速度不低于 30 字/分。

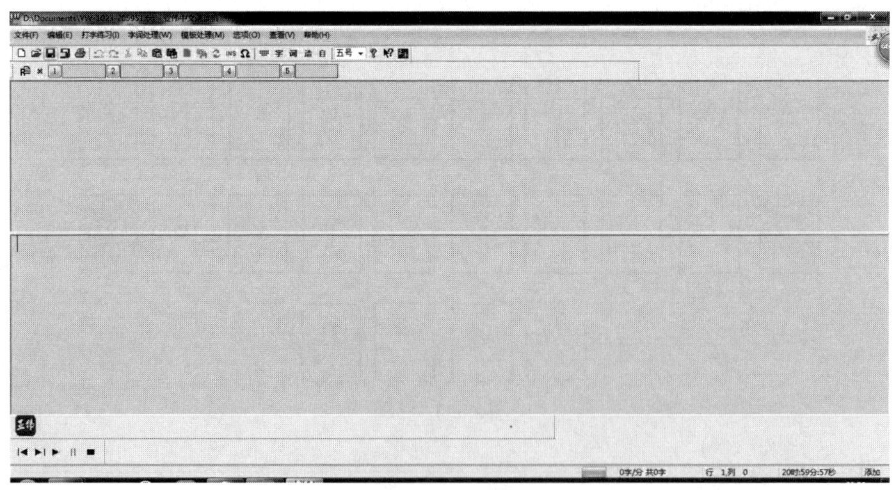

图 2－1－19

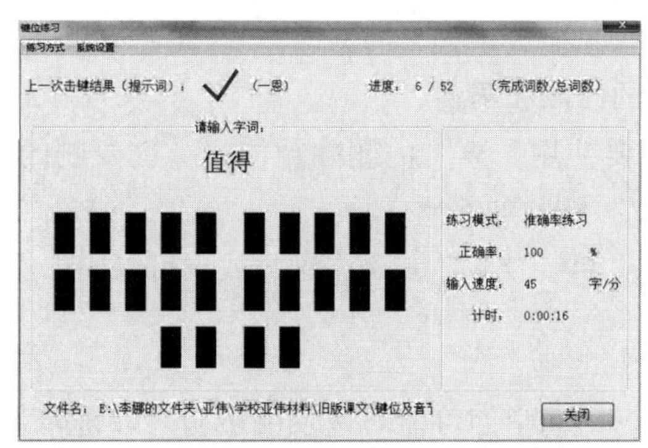

图2－1－20

2. 看打练习2－1－1和2－1－2中的词语，要求一次击键上屏，准确率100%，速度不低于30字/分。

（四）知识拓展

1. 键位码“A：A”中的“：”为界码标志，用来区分左右手，“：”左侧为左手需要击打的键位，“：”右侧为右手需要击打的键位。音节前后不加“：”的，表示此音节左手、右手击打均可。

2. 亚伟中文速录软件有“插入”和“添加”两个输入状态，进入系统后可通过软件右下角的状态显示和工具栏中“INS”按钮来判断。插入状态下“INS”按钮为单击选中状态，软件右下角显示“插入”；添加状态下“INS”按钮为待选中状态，软件右下角显示“添加”。不同状态的区别在于光标是否跟随，插入状态下光标随屏显文字移动；添加状态下光标不动，所打文字随篇尾自行上屏。平常练习中可采用“插入”状态，使光标跟随移动。

3. 切换“添加/插入”状态的方法：

（1）工具栏中点击“INS”按钮；

（2）菜单栏“编辑”菜单下，选择“插入－添加状态的切换”；

（3）使用速录机键盘击打“XU：BZA”或者“XEO：XN”；

（4）使用电脑键盘“Ctrl＋R”进行转换。

4. “X”“W”两个键为功能键。

（1）X键：左手单击“X”无屏显；右手单击“X”光标后移两个字符，即“空两格”；双手并击“X：X”为四音略码功能键，后面会有专门章节讲到。

（2）W键：插入状态下，左手单击“W”删除光标前倒数第二个字，不能连续删除；右手单击“W”，删除光标前一个字，相当于“Backspace”键，可连续删除。双手并击“W：W”可删除光标前的单字或者词语，即“见字删字，见词删词”。添加状态下，左手单击“W”删除屏幕最后上屏的倒数第二个字，不能连续删除；右手单击“W”，删除屏幕上最后一个字，可连续删除。双手并击“W：W”可删除屏幕最后的单字或者词语，依然是“见字删字，见词删词”。因此，速录师在工作时，经常要结合状态的转换来实现文稿的修改和调整。

初级练习中尽量不要使用“W”的删除功能，一定要删的话也要使用双手“W：W”，切忌养成单手“W”删除的习惯。

“X：W”“W：X”“XW：XW”三种击键方式均可以用来实现强制上屏。

经验分享

通过本节内容的学习，同学们可能对速录由最初的好奇转入一个“不知所措”的阶段，刚刚接触速录机，可能键位记不清，按键按不准，甚至一节课下来会感觉肩膀酸痛、手指僵硬、手心冒汗……有同学可能会觉得“我不适合学速录”。所以在学习速录的最初，我们首先要克服的就是紧张焦虑的情绪，不要轻易自我否定。另外，基础键位和指法的掌握对于速录的学习非常重要，在初级阶段打下扎实的基本功，中、高级阶段才能顺利提速。

为了让同学们尽快地适应速录的练习方式，更好地进入学习状态，我们总结了以下经验和同学们分享，希望对大家有所帮助。

1. 如何克服手指不够灵活的问题？

答：学习初期我们会发现有些同学可以很快适应双手击键，有些同学却遇到了手指不够灵活的问题，尤其是双手击打不同的键位时，会感觉左右手同时反应不过来。其实这是正常现象，比如有些同学从小学习钢琴，手指灵活性自然要好于一般人，其他没有经过类似手指训练的同学可能就要差一点。但是这只是一个很短暂的过程，并不会持续太久，随着练习量的增加每个人都可以适应双手击键，大家不用过于焦虑，坚持练习，你就可以轻而易举地实现“左手打‘圆’，右手打‘方’”了。

当然，为了缩短这个适应的过程，除了加强练习，我们也可以采用一些辅助办法，比如做“手指操”。关于“手指操”，网上可以找到很多版本，大家可以选择学习一套，既可以提升手指的灵活性，又可以缓解手指疲劳。

2. 为什么会出现颈部肩背酸痛的问题？

答：刚开始学习速录，同学们难免状态比较紧张，加上长时间保持同一坐姿，肩颈缺乏活动，会出现疲劳的情况，只需稍加注意，每隔一段时间活动一下肩颈即可缓解。

另外，在打字的过程中，我们正确的坐姿要求上身挺直，肩膀放松，上臂自然下垂，贴近身体，因为这样可以借助身体的支撑分散上臂的压力。但是有些同学在击键的过程中，手肘会不自觉外扩，造成手臂肩膀的疲劳。还有一些同学存在高低肩、前后肩的问题，非常容易造成肩背酸痛。如果存在这种问题，需加以矫正。

3. 初学者容易出现哪些指法错误？

答：关于正确的手形和指法，前文中已详细说明，但是初学者在练习的过程中还是难免会出现一些错误的指法，如果不及时加以纠正，错误的习惯一旦养成就很难改变，对日后中高级阶段的提速会造成不利的影响。初级阶段的指法错误可以简单概括为“平、弹、翘、掉、靠”。

“平”，指的是手指平直地放在键盘上，或者是每完成一次击键手指的回位都变成“平放”在键盘上。正确的手形应该是手指自然弯曲，指尖或上指腹（大概每个手指第一个关节 1/3 区域）轻触键盘，所有的击键过程中手指都是自然弯曲状态，不需要“伸直”。

“弹”，指的是每完成一次击键手指向上弹起的幅度过大，击键完成时手指只需跟随键位的弹力自然抬起，不需要用力下按或做明显的上弹动作，甚至手指可以不离开键盘，一直保持轻触的状态。要知道，手指移动的幅度越小，单位时间内的击键次数就会越多，打字速度就会越快。

“翘”，指的是击键过程中用不到的手指向上翘起，尤其是中指、无名指、小拇指容易出现这样的问题。在练习的过程中要有意识地进行控制，不参与击键的手指应尽量保持位置不变。

“掉”，指的是手指脱离键盘的位置，这个问题多发生在大拇指和小拇指上，尤其是当这两个手指不参与击键的时候，有些同学的小拇指和大拇指会从键盘上“掉下来”。个别同学也会出现其他手指“掉”出键盘的情况，比如有些同学的中指甚至会向前触摸到 F6 功能键。

“靠”，指的是击键的过程中有同学出现手腕下压，整个手掌“靠”在速录机上的情况，这样的手形非常不利于手指的灵活移动。我们在用速录机打字的过程中，要求手腕始终保持自然悬起，既不能向下压，也不能向上拱。

4. 看打练习的过程中出现打错的情况，是要删除重新打，还是直接在错误内容后面打出正确的？

答：用速录机打字的过程中，一定要特别追求一次上屏的准确率，尽量想清楚再下键。如果出现错误的情况，初级阶段应尽量避免删除键的使用，可以直接在错误内容之后进行修正。如果一定要删除，也一定要记住使用双手“W：W”来操作，不能养成单手“W”删除的习惯。因为“W：W”见字删字、见词删词，而亚伟速录多是以双音词为单位进行录入，还有大量多音节词语，“W：W”可以一次击键删除单字或词语，而单手“W”只能删除单字，用其删除词语的话就需要多次击键，一旦养成习惯，会很大程度上影响输入速度。

5. 双手击打不同的音节时，可不可以双手分别摆好手形再一起按键？

答：不可以。速录机打字之所以快的其中一个原因就是可以双手并击，而且是双手多指同时按键。因此击键时不仅要求双手同时下键，而且要求多个手指也要同步移动。“双手多指同步运动”，这个要求要贯穿速录学习的始终。即使一开始不习惯也一定要锻炼自己形成左右脑同时思考的思维方式，否则一开始就左右脑分开，一旦养成这样的思维习惯就会把每一次“手指移动、击键”的过程延长为“左手移动、右手移动——击键”，会直接影响击键速度。

以上是初学者经常会遇到的一些问题和困惑，我们结合自身及行业内诸多教师的教学经验给出了一些解答，供大家参考。速录的学习需要的是长期的坚持和大量的练习，同学们除了要克服这些具体的困难，还要调整好心态，不要急于求成，踏踏实实，打好基础，才能在后期的学习中取得更好的效果。

项目二　声码专项训练

一、声母 b、p、m、f、d、t、n、l 所对应的声码

（一）声码编码、读音、例字（表 2－2－1）

表 2－2－1　亚伟中文速录机声码表（一）

声码	B	BG	XB	XBU	D	BD	XBD	XD
读音	bu	pu	mu	fu	de	te	ne	le
音节例字	不	铺	木	副	的	特	呢	了
对应声母	b	p	m	f	d	t	n	l

（注：声码与声母的区别之前已经讲过，大家要注意加以区分）

（二）指法与训练

本节所学 8 个声码中，“B”“D”我们已经不陌生，在学习基础键位的时候已经学过，单指击打即可完成，这里不再赘述。其余 6 个声码均涉及多键的组合，需要多指并击完成。

1. 双手同时击打“BG”键“BG：BG”，如图 2－2－1 所示：

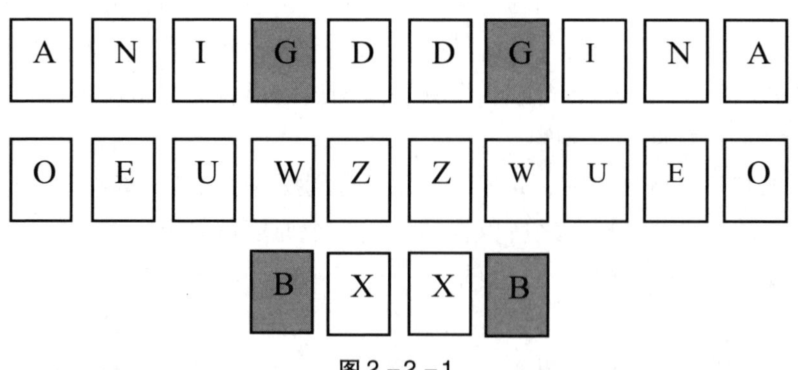

图 2－2－1

2. 双手同时击打“XB”键“XB：XB”，如图 2－2－2 所示：

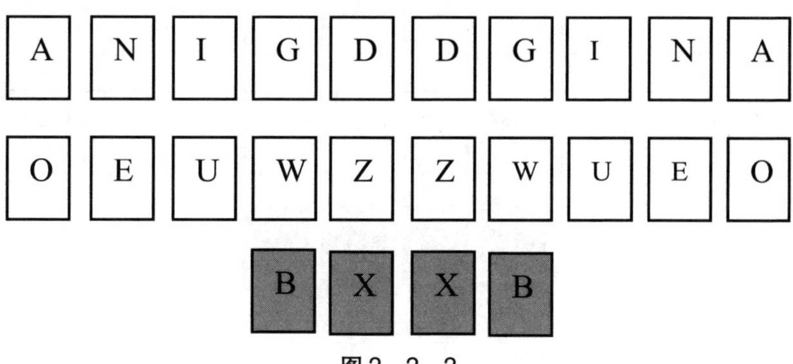

图 2－2－2

3. 双手同时击打“XBU”键“XBU：XBU”，如图 2－2－3 所示：

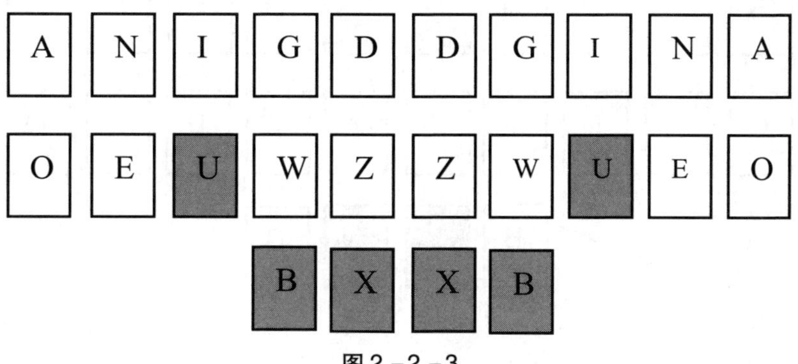

图 2－2－3

4. 双手同时击打“BD”键“BD：BD”，如图 2－2－4 所示：

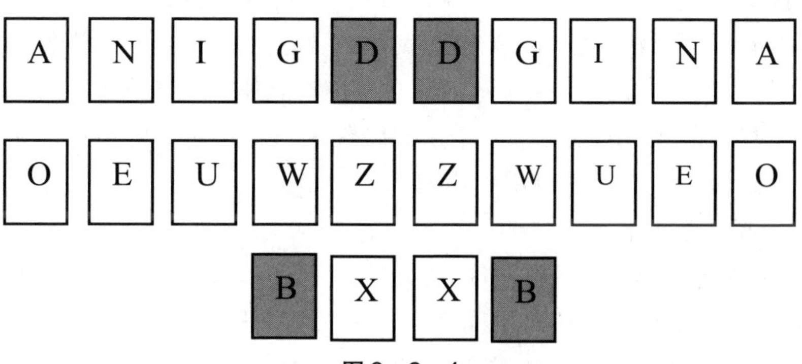

图 2－2－4

5. 双手同时击打“XBD”键“XBD：XBD”，如图 2 －2 －5 所示：

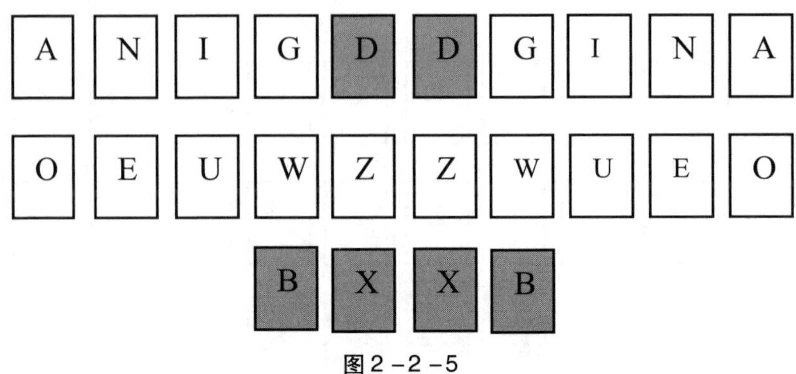

图 2 －2 －5

6. 双手同时击打“XD”键“XD：XD”，如图 2 －2 －6 所示：

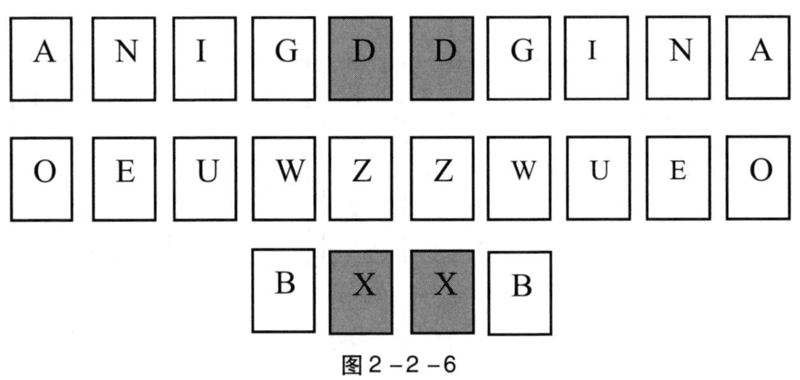

图 2 －2 －6

（三）课堂训练

汉语拼音的音节是由声母和韵母组合而成，而亚伟中文速录中的“音节码”也是由“声码”和“韵码”组成。“声码”与“声母”的概念类似但又不完全一致。汉语拼音中的“声母”本身发音是不响亮的，我们平常熟悉的是加了韵母之后“呼读音”，比如加了“O”以后的“bo”“po”等，其自身是不能独立成音节的。而“亚伟码”中的“声码”本身就有自己的读音，一个声码既代表与其相对应的声母，又代表与其相对应的音节。比如前面我们学过的，声码“B”，既代表声母“b”，可与其他韵码相拼，又代表“bu”这个音节。

亚伟速录的拼打原理和汉语拼音的拼写原理一致，都是声码在前，韵码在后。汉语拼音中共有 21 个声母，亚伟码中同样也有 21 个声码。虽然速录机只有 12 个键位，但是我们通过单键和多键组合、多指并击的方式，21 个声码仅靠拇指、食指、中指三个手指就可以完全击打出来。

以下几点需要注意：

（1）声码的击打要求在“标准手形”及“基础指法”的前提下，严格遵守相关标准要求，根据需要多指并击完成击键。

（2）依然采取“击键一次—迅速回位—再一次击键”的练习方式，训练手指对键位的记忆和自然反应。

（3）声码的键位组合只涉及拇指、食指、中指三根手指，因此击键时要特别注意控制无名指与小拇指，不参与击键时尽量保持位置不变。

（4）因为声码的键位组合只涉及拇指、食指、中指，在之前的教学中出现过学生通过一段时间专门练习声码后，拇指、食指、中指都变得很灵活，可是再到后期学习韵码时，却发现无名指、小拇指已经“落后”了，对韵码的反应速度跟不上声码。因此，本书在编写时，为了避免在同学们在学习声码的阶段忽视对无名指和小拇指的训练，特意把我们在基础键位阶段学过的“A”“O”“N”“E”“I”“U”六个键位所对应的韵码提前加入训练，使同学们从一开始就适应“多指并击”，让各手指间的配合更加流畅默契。

1. 看打练习 2－2－1：

步步　扑扑　幕幕　夫妇　德德　忑忑　讷讷　乐了　德德　忑忑
讷讷　乐了　步步　扑扑　幕幕　夫妇　扑扑　德德　讷讷　步步
夫妇　忑忑　幕幕　乐了　夫妇　扑扑　德德　讷讷　忑忑　夫妇

2. 看打练习 2－2－2：

不铺　不睦　不服　不得　不特　不呢　布勒　瀑布　铺木　匍匐
铺的　普特　铺呢　铺了　幕布　木铺　幕府　穆德　穆特　木讷
穆勒　腹部　副铺　父母　福德　伏特　副呢　福勒　德布　的铺
的木　德芙　的特　的呢　德勒　特不　特铺　特穆　特服　特的
特呢　特了　呢不　呢铺　呢木　呢副　呢的　呢特　呢了　乐部
了铺　了木　勒夫　乐得　了特　了呢　不铺　不睦　不服　不得

3. 看打练习 2－2－3：

不铺　铺了　副呢　特的　勒夫　不睦　幕布　福勒　特呢　乐得
不服　木铺　德布　特了　了特　不得　幕府　的铺　呢不　了呢
不特　穆勒　的木　呢铺　不呢　穆特　德芙　呢木　布勒　木讷
的特　呢副　瀑布　穆勒　的呢　呢的　铺木　腹部　德勒　呢特
匍匐　副铺　特不　呢了　铺的　父母　特铺　乐部　普特　伏特
特穆　了铺　铺呢　伏特　特服　了木　不铺　铺了　副呢　特的

（四）拓展练习

1. 声韵相拼练习［+a、o（uo）、n、e（ei）、i、u］：

爸爸　啪啪　妈妈　发发　大大　踏踏　纳纳　拉拉　伯伯　婆婆
默默　佛佛　多多　沱沱　诺诺　落落　本本　盆盆　闷闷　纷纷
腾腾　嫩嫩　愣愣　么么　北碚　佩佩　非非　得得　内内　累累
笔笔　皮皮　秘密　弟弟　体体　妮妮　呖呖　都督　突突　努努
辘辘　爸妈　麻布　幅度　土地　独体　迷途　俘虏　破落　密码
磊落　佛陀　杜雷　麋鹿　普罗　蓖麻　麻辣　努力　喇嘛　尼泊
落寞　泼辣　米娜　必读　卑鄙　墓碑　妈咪　把鼻　体壁　剥皮
麻痹　荼蘼　路服　落魄　落泪　内务　摩托　扶梯　吗啡　鼻涕

2. 略码练习：

<u>部分</u>　<u>普通</u>　<u>目前</u>　<u>负责</u>　<u>德国</u>　<u>特点</u>　<u>乐观</u>
<u>不能</u>　<u>普遍</u>　<u>目的</u>　<u>复杂</u>　<u>得到</u>　<u>特点</u>　<u>乐趣</u>

（五）本节测试内容与评价标准

1. 请大家打开亚伟练习系统，选择“键位练习”中的“准确率练习”，找到亚伟资料文件夹中的键位练习文件（“C:\YWWin\键位及音节码\第02－07讲”）中相对应的文件，进行练习和测试。要求准确率100%，速度不低于50字/分。

2. 看打练习2－2－1、2－2－2、2－2－3中的词语，要求一次击键上屏，准确率100%，速度50字/分。

二、声母g、k、h、j、q、x对应的声码

（一）声码编码、读音、例字（表2－2－2）

表2－2－2　亚伟中文速录机声码表（二）

声码	G	XBG	XG	GI	XGI	XI
读音	ge	ke	he	ji	qi	xi
音节例字	个	可	和	及	其	系
对应声母	g	k	h	j	q	x

（二）指法与训练

本节所要学习的6个声码中，“G”键是我们在学习基本键位时就已掌握的，因此只需记忆另外5个，尤其要注意区分亚伟速录机上的“X”键与汉语拼音“j、q、x”中的“x”不同。

1. 双手同时击打“XBG”键“XBG：XBG”，如图 2－2－7 所示：

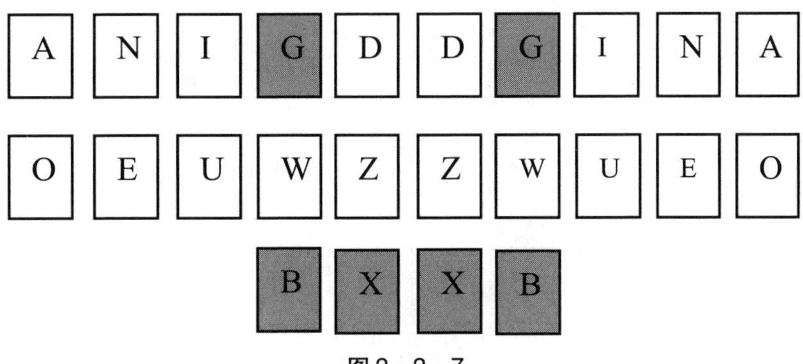

图 2－2－7

2. 双手同时击打“XG”键“XG：XG”，如图 2－2－8 所示：

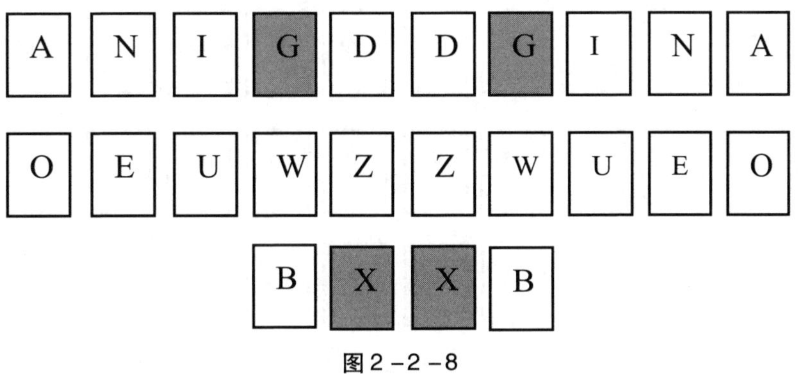

图 2－2－8

3. 双手同时击打“GI”键“GI：GI”，如图 2－2－9 所示：

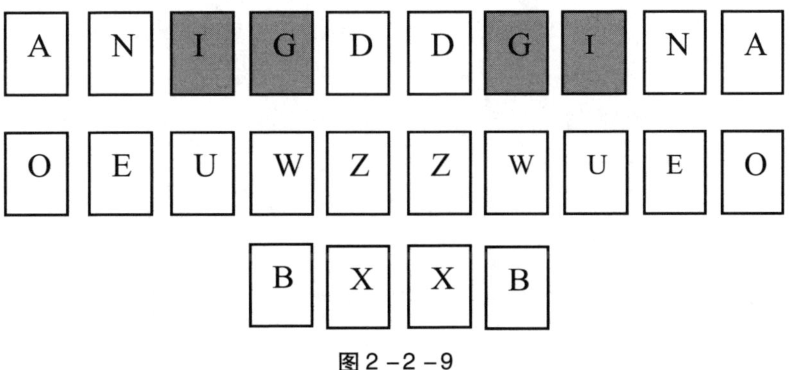

图 2－2－9

4. 双手同时击打“XGI”键“XGI：XGI”，如图2－2－10所示：

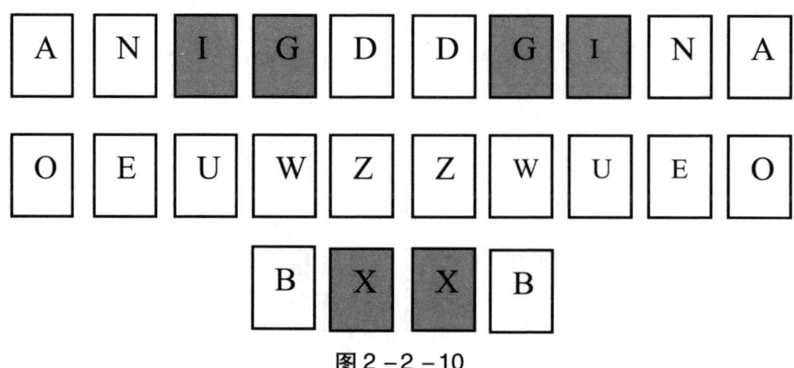

图2－2－10

5. 双手同时击打“XI”键“XI：XI”，如图2－2－11所示：

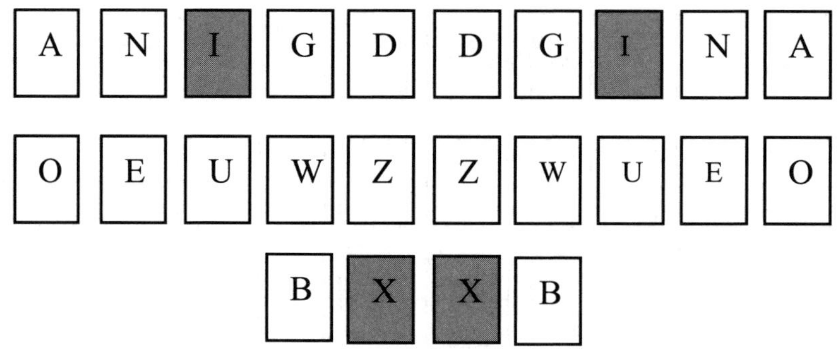

图2－2－11

（三）课堂训练

1. 看打练习2－2－4：

各个　可可　荷荷　积极　七七　细细　积极　七七　荷荷　可可
各个　积极　荷荷　细细　各个　七七　可可　细细　积极　荷荷
各个　可可　七七　细细　荷荷　积极　各个　细细　可可　七七

2. 看打练习2－2－5：

各科　隔阂　各级　搁起　个席　可歌　可贺　科技　客气　可惜
合格　贺客　合计　和气　河西　几个　即刻　集合　及其　积习
气割　起科　淇河　奇迹　气息　喜歌　稀客　西和　袭击　吸气

3. 看打练习2－2－6：

各科　搁起　稀客　西和　河西　隔阂　各级　几个　袭击　吸气
搁起　即刻　个席　集合　可歌　及其　可贺　积习　科技　气割

客气　起科　可惜　淇河　合格　奇迹　贺客　气息　合计　喜歌

（四）拓展练习

1. 声韵相拼练习［+a、o（uo）、n、e（ei）、i、u］：

嘎嘎　卡卡　哈哈　家家　恰恰　下下　蝈蝈　扩廓　活活　跟跟
恳恳　狠狠　仅仅　亲亲　信心　给给　嘿嘿　姐姐　切切　谢谢
股股　苦苦　忽忽　聚居　区区　徐徐　嘎卡　卡巴　渡过　活佛
过火　加法　卡拉　哈气　下马　假期　笔下　过渡　火炉　括弧
苦乐　锣鼓　布卡　杜洛　奴家　不给　黑锅　马戏　枯骨　糊涂
拘泥　不屈　虚度　墟落　火锅　契闭　下笔　护法　嘎吧　垦地
都护　哭戏　季度　马虎　起码　亲信　弧度　住户　枯木　根基
门徒　哈达　科技　袭击　逆袭　下达　黑土　赌气　提价　国旗

注：（1）“家”音节对应键位为“GIA”，声母“j”与韵母“ia”有一个重叠键位“I”。

（2）音节“kei”直接用亚伟速录软件全拼方式击打“有音无字”，“剋”字需用形码“XN：XN——XBG（ke）：DAO（dao）”来实现录入。

（3）“据”音节对应键位“GIU”，声母“j”与韵母“ü”有一个重叠键位“I”。

2. 略码练习：

<u>各个</u>　<u>客观</u>　<u>合乎</u>　<u>技术</u>　<u>其他</u>　<u>希望</u>
<u>革命</u>　<u>可能</u>　<u>和平</u>　<u>基础</u>　<u>起来</u>　<u>吸收</u>

（五）本节测试内容与评价标准

1. 请大家打开亚伟练习系统，选择“键位练习”中的“准确率练习”，找到亚伟资料文件夹中的键位练习文件（“C:\YWWin\ 键位及音节码\ 第02－07讲”）中相对应的文件，进行练习和测试。要求准确率100%，速度不低于50字/分。

2. 看打练习2－2－4、2－2－5、2－2－6中的词语，要求一次击键上屏，准确率100%，速度不低于50字/分。

三、声母zh、ch、sh、z、c、s、r对应的声码

（一）声码编码、读音、例字（表2－2－3）

表2－2－3　亚伟中文速录机声码表（三）

声码	Z	BZ	XZ	DZ	BDZ	XDZ	XBZ
读音	zhi	chi	shi	zi	ci	si	ri
音节例字	之	吃	是	子	此	四	日
对应声母	zh	ch	sh	z	c	s	r

（二）指法与训练

本节所要学习的 7 个声码中，“Z”键是我们在基础键位阶段就已经掌握的，不再赘述。但是，同学们要格外注意区分“Z”键不同于声母“z”；另外，“zh、ch、sh”与“z、c、s”的读音是很多方言地区的同学的学习难点，因此练习时不但要加强对键位的训练，也要加强对音节辨识的训练。

1. 双手同时击打“BZ”键“BZ：BZ”，如图 2－2－12 所示：

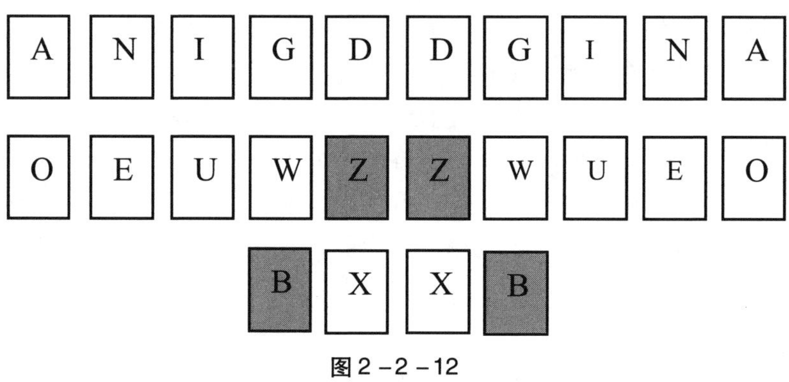

图 2－2－12

2. 双手同时击打“XZ”键“XZ：XZ”，如图 2－2－13 所示：

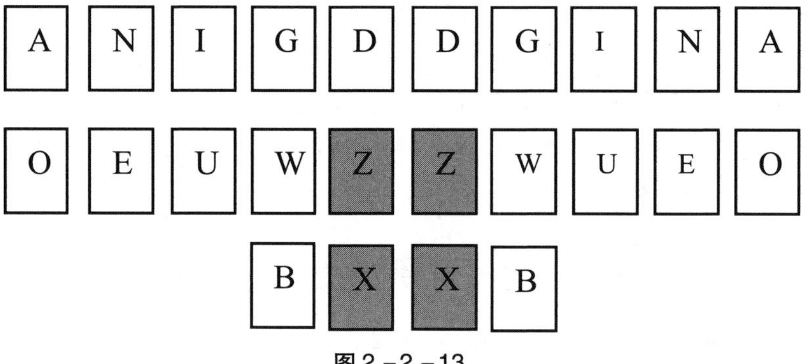

图 2－2－13

3. 双手同时击打“DZ”键“DZ：DZ”，如图 2－2－14 所示：

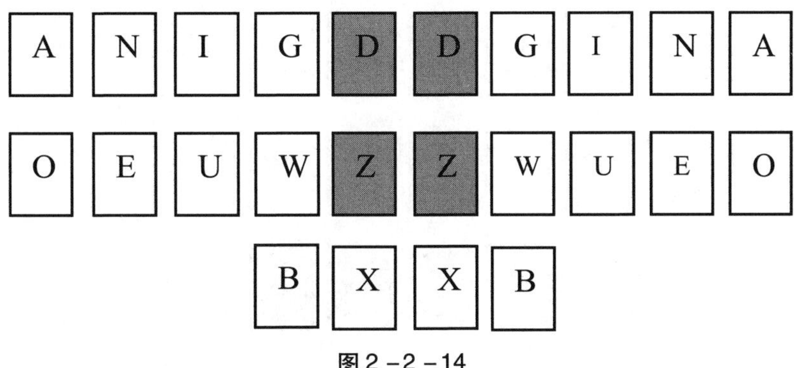

图 2－2－14

4. 双手同时击打“BDZ”键“BDZ：BDZ”，如图 2－2－15 所示：

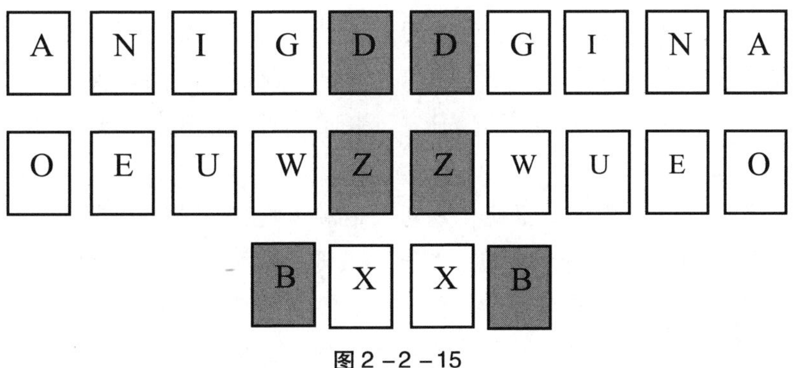

图 2－2－15

5. 双手同时击打“DZX”键“DZX：DZX”，如图 2－2－16 所示：

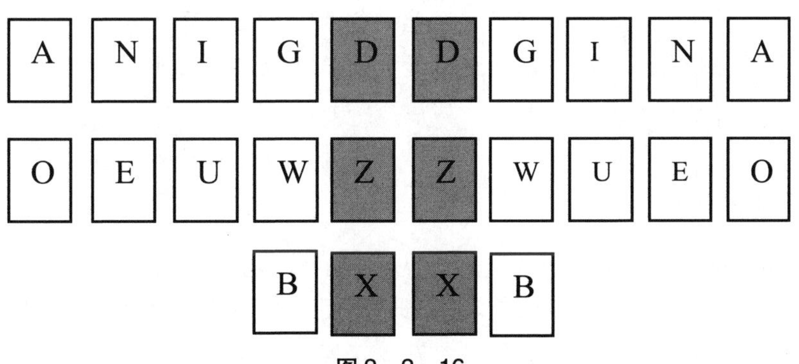

图 2－2－16

6. 双手同时击打“XBZ”键“XBZ：XBZ”，如图2－2－17所示：

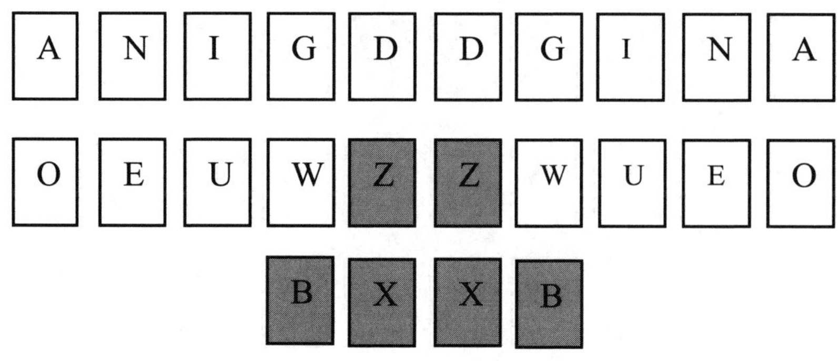

图2－2－17

（三）课堂训练

1. 看打练习2－2－7：

制止　迟迟　事实　孜孜　此次　死死　日日　孜孜　此次　死死
日日　制止　迟迟　事实　迟迟　孜孜　日日　此次　事实　制止
死死　日日　孜孜　迟迟　死死　日日　制止　迟迟　孜孜　此次

2. 看打练习2－2－8：

支持　只是　至日　质子　至此　致死　迟滞　吃食　池日　赤字
吃此　痴思　实质　市尺　时日　式子　诗词　誓死　日至　日吃
日食　日子　日此　日思　自治　自持　姿势　子日　字词　自私
次之　此吃　此时　次日　次之　刺死　四肢　四吃　四十　四日
私自　四次　支持　只是　质子　至此　致死　迟滞　吃食　池日

3. 看打练习2－2－9：

支持　市尺　姿势　四日　只是　时日　子日　私自　至日　式子
字词　四次　质子　诗词　自私　至此　誓死　次之　致死　日至
此吃　迟滞　日吃　此时　吃食　日食　次日　池日　日子　次之
赤字　日此　刺死　吃此　日思　四肢　痴思　自治　四吃　实质
自持　四十　质子　诗词　吃食　次日　自治　日此　致死　日至

（四）拓展练习

1. 声韵相拼练习［＋a、o（uo）、n、e（ei）、i、u］：

轧轧　喳喳　沙沙　杂杂　嚓嚓　飒飒　灼灼　绰绰　数数　若若
做作　搓搓　索索　遮遮　真真　沉沉　深深　人人　怎怎　涔涔
森森　车车　社社　啧啧　测测　瑟瑟　猪猪　处处　叔叔　蠕蠕
足足　粗粗　簌簌　擦试　洒脱　粗俗　锁住　细则　车辙　遮住

住处　处所　查出　渣破　洒落　杂物　车把　设计　测试　瑟缩
注目　戳破　数目　说书　书社　岑森　深沉　沉默　熟人　怎的
无人　人数　认真　人身　测查　很差　神马　粗茶　人渣　擦车
撤出　入伏　撒泼　住所　神色　著述　如日　日出　刹那　族人

2. 略码练习：

只有　持久　时候　日本　自己　此外　饲料
知道　持续　时间　日期　自然　刺激　思想

（五）本节测试内容与评价标准

1. 请大家打开亚伟练习系统，选择“键位练习”中的“准确率练习”，找到亚伟资料文件夹中的键位练习文件(“C:\YWWin\键位及音节码\第02－07讲”）中相对应的文件，进行练习和测试。要求准确率100%，速度不低于50字/分。

2. 看打练习2－2－7、2－2－8、2－2－9中的词语，要求一次击键上屏，准确率100%，速度60字/分。

四、声码总复习

（一）声码练习

1. 背打练习2－2－10：

步步　扑扑　幕幕　夫妇　德德　忑忑　讷讷
乐了　各个　可可　荷荷　积极　七七　细细
制止　迟迟　事实　孜孜　此次　死死　日日

注：全部21声母按照“步步扑扑幕幕夫妇的的特特讷讷乐了各个可可荷荷积极七七细细制止迟迟事实孜孜此次死死日日”的顺序，要求学生背打熟练，并进行3～5分钟极限测试，可以正序打，也可以倒序打，每分钟击打次数不低于6遍。

2. 看打练习2－2－11：

德布　得知　个呢　戈斯　恩祈　医德　一日　阿柯　质朴
制止　五呢　五次　恶计　沃夫　卧室　不可　的铺　的吃
格勒　恩不　恩系　亿特　椅子　阿合　知母　支持　伍乐
无私　恶气　我的　我日　不合　的木　得失　各科　恩铺
恩之　一呢　一次　阿吉　支付　只是　吴哥　颚部　恶习
沃特　卧姿　不及　德芙　得自　隔阂　恩木　恩吃　一了
意思　阿奇　值得　至日　无可　额铺　遏制　我呢　沃茨
不起　的特　的此　各级　恩副　恩施　一个　阿布　阿西
之特　质子　无核　鄂木　额吃　沃勒　我司　不惜　的呢
德思　搁起　恩德　恩日　一刻　啊铺　啊之　之呢　至此

无机 蛾附 恶势 我哥 不铺 布置 德勒 的日 个席
恩特 恩子 议和 阿姆 啊吃 指了 致死 武器 额的
额日 沃克 不睦 不迟 德格 葛布 搁置 恩呢 恩赐
以及 阿福 阿诗 制革 无不 物系 厄特 蛾子 我和
蛾附 不是 德克 歌谱 格尺 恩了 恩斯 一起 阿德
啊日 制科 五铺 物质 额呢 额此 我记 不得 不日
德合 个目 格式 恩格 异步 乙烯 阿特 阿紫 纸盒
乌木 无耻 俄勒 扼死 我妻 不特 步子 得计 戈弗
隔日 恩克 一暴 一直 啊呢 啊此 致畸 五福 无视
额个 我不 我希 不呢 卜辞 得气 歌德 各自 恩和
姨母 弋翅 阿勒 阿斯 志气 武德 无日 俄克 卧铺
我支 布勒 不死 得悉 哥特 歌词 恩及 衣服 一时
阿哥 支部 窒息 无特 物资 额和 我母 我吃 布格

（二）拓展练习

1. 声韵相拼练习：

爸爸 啪啪 妈妈 发发 弟弟 体体 妮妮 地理 蝈蝈
扩廓 活活 落落 聚居 区区 徐徐 真真 沉沉 深深
人人 足足 粗粗 簌簌 爸妈 嘎吧 人渣 大卡 落魄
擦试 洒脱 糊涂 密码 拉车 他杀 奴役 门齿 垦地
何处 驻扎 书札 磁卡 诸多 真意 折纸 渡过 踟蹰
估计 苦力 琵琶 泼墨 复活 路基 批驳 怒火 奴役
主力 初级 熟悉 入席 麋鹿 迷途 屠杀 卡车 哈气
袈裟 据说 叙述 给你 胡说 黑马 抹煞 渣人 迫使
麻婆 沉思 粗细 刹车 落寞 巴特 笔墨 虎门 米粒
指针 真迹 认真 刻苦 撤离 琥珀 书法 出落 真人
力图 促使 测针 洒落 菩萨 萨达 披萨 门插 根深
卡其 集镇 茶縻 盆地 蓖麻 体察 驸马 裤衩 入门
注意 熟人 底细 沉迷 爬坡 麻布 目录 著述 门徒
扩大 沙弥 车辙 落泪 模糊 束缚 祖国 神色 抹煞

2. 略码练习：

部分 普通 目前 负责 德国 特别 乐观 各个 客观 合乎
不能 普遍 目的 复杂 得到 特点 乐趣 革命 可能 和平
技术 其他 希望 只有 持久 时候 日本 自己 此外 饲料
基础 起来 吸收 知道 持续 时间 日期 自然 刺激 思想

基础 希望 知道 时候 日本 自己 和平 各个 乐观 特点
普遍 部分 普通 乐趣 合乎 思想 日期 只有 吸收 其他

技术 起来 希望 特别 得到 特点 目前 日本 自己 此外
自然 知道 持久 德国 复杂 目前 刺激 饲料 客观 特别

（三）本节测试内容与评价标准

1. 请大家打开亚伟练习系统，选择“键位练习”中的“准确率练习”，找到亚伟资料文件夹中的键位练习文件（“C:\YWWin\键位及音节码\总复习”）中相对应的文件，进行练习和测试。要求准确率100%，速度不低于50字/分。

2. 练习2-2-10、2-2-11中的词语，要求一次击键上屏，准确率100%，速度不低于50字/分。

经验分享

本节主要是声码的学习，声码是音节码的基础，因此学好声码至关重要。由于本阶段的练习开始由基础键位的“双手单指并击”进入到“双手多指并击”，可能会有同学出现一些不适应的情况，例如对键位反应速度慢，下键不准等，都属于正常现象。不过21个声码中只有4个用到了中指，其余都是通过拇指和食指配合来完成，因此真正学习起来其实并不是很难，大家只需保持积极的心态，勤加练习，一定能够熟练掌握。本阶段同学们可能会遇到以下问题：

1. 在课堂练习部分，单单击打声码的时候很简单，但是一加上韵码明显感觉难度加大了，拓展训练部分可不可以忽略？

答：在声码学习阶段加上“a、o、en、e（ei）、i、ü”等简单的声韵相拼练习是本书编写的创新之处，原因就在于过去的训练中，在声码学习阶段会把精力都放在前面三个手指上，导致后期加入韵码学习的时候，部分同学明显感觉无名指与小拇指“无力”而且“灵活性”较差。因此，本书将简单的声韵相拼加入到声码学习阶段，就是为了让大家提前适应多指并击，加强对小拇指和无名指的训练。所以，拓展训练部分对同学们学好声韵码，提高手指运指能力是十分必要的。

2. 关于略码部分，课本后面有专门的章节讲解，为何还要在声码部分进行练习？

答：速录的学习不是割裂的，所有知识点之间都是相互联系的，因此在学习前面声码部分的时候，要适时插入录入技巧、功能键等相关知识的训练，使速录的学习呈现整体性和系统性。

3. 对于经常打错的词语应该怎样来加强训练？

答：同学们可以积累自己“易错词”，对容易错的词语进行强化训练，甚至可以将容易出错的词语做成专门的键位练习文件，进行针对性训练。

项目三　韵码专项训练

一、韵母 a、o（uo）、ao、en、e（ei）、eng、i、u、ü 所对应的韵码

（一）韵码编码对应的韵母与例字（表 2－3－1）

表 2－3－1　亚伟中文速录机韵码表（一）

韵码编码	A	O	AO	N	E	NE	I	U	IU
对应韵母	a	o（uo）	ao	en	e（ei）	eng	i	u	ü
对应例字	啊	我	奥	恩	额	嗯	一	五	与

（注：O 键与 E 键分别代表两个韵母，之前已经讲过，大家要注意加以区分）

（二）指法与训练

本节所学 9 个韵码，我们可以称为“单指韵码”，因为只需单指击键即可完成，“I”“U”“IU”三个键用的无名指，“N”“E”“NE”三个键用的是无名指，“A”“O”“AO”三个键用的是小拇指。而且，本节中 9 个键位实际上只有组合键“AO”“NE”“IU”是我们第一次接触，其余的键位在之前的基本键位学习阶段均已掌握，因此学好本节内容只需对“AO”“NE”“IU”三个键位多加练习即可。

1. 双手中指同时轻按“IU”键“IU：IU”，如图 2－3－1 所示：

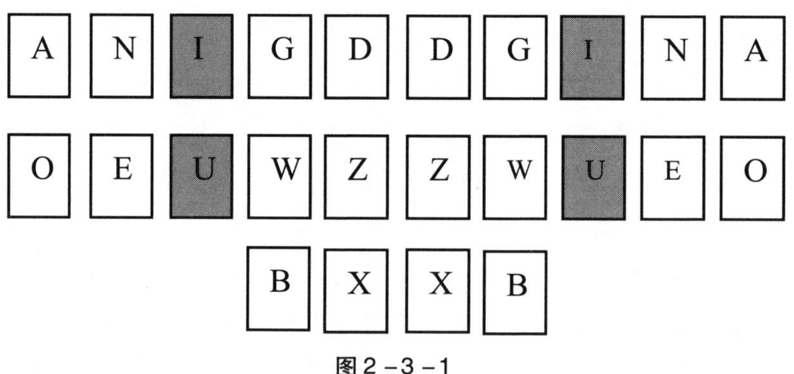

图 2－3－1

2. 双手中指同时轻按“NE”键“NE：NE”，如图 2－3－2 所示：

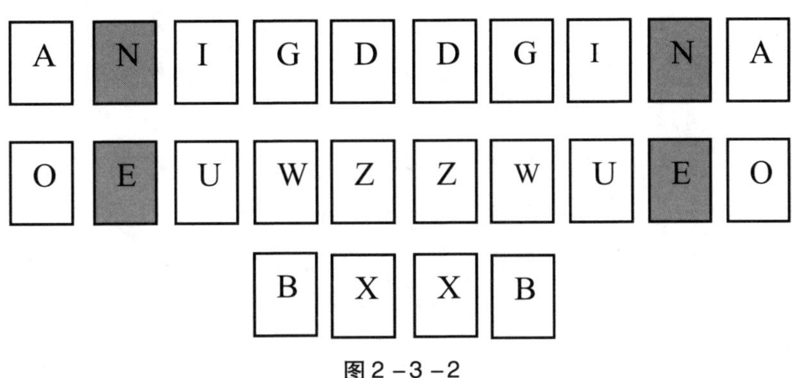

图 2－3－2

3. 双手中指同时轻按“AO”键“AO：AO”，如图 2－3－3 所示：

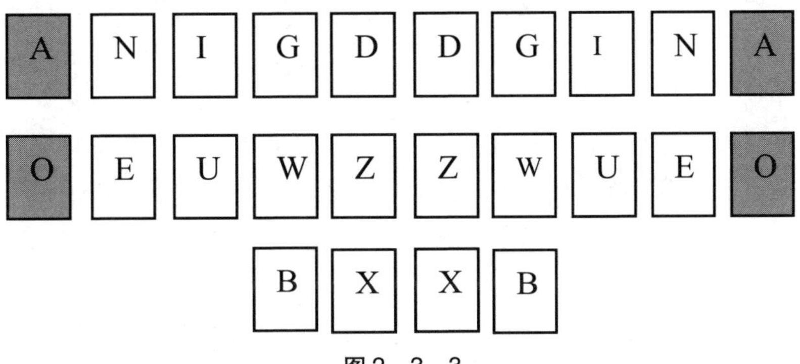

图 2－3－3

（三）课堂训练

1. 看打练习 2－3－1：

啊啊 喔喔 嗷嗷 恩恩 谔谔 嗯嗯 意义 无误 寓于 啊奥
啊嗯 阿玉 奥啊 奥我 奥恩 奥额 奥嗯 奥义 奥五 奥与
恩嗯 恩遇 腭凹 额嗯 鳄鱼 嗯啊 嗯我 嗯奥 嗯恩 嗯额
嗯一 嗯五 嗯与 亿澳 一嗯 易于 兀傲 五嗯 无余 于阿
与我 与奥 俞恩 余额 与嗯 予以 御侮 寓于 嗷嗷 嗯嗯
啊啊 奥我 嗯我 嗯啊 喔喔 奥恩 嗯奥 与我 嗷嗷 奥额
嗯恩 与奥 恩恩 奥嗯 嗯额 俞恩 谔谔 奥义 恩一 余额
嗯嗯 奥五 嗯五 俞恩 意义 奥与 嗯与 予以 无误 恩嗯
亿澳 御侮 寓于 恩遇 伊恩 寓于 啊奥 腭凹 易于 啊恩
嗷嗷 额嗯 兀傲 阿玉 鳄鱼 吴恩 奥啊 嗯啊 无余 寓于

2. 看打练习 2－3－2：

宝宝　泡泡　毛毛　忉忉　滔滔　脑脑　牢牢　高高　考考　好好
昭昭　吵吵　稍稍　扰扰　早早　曹操　嫂嫂　蹦蹦　蓬蓬　蒙蒙
封封　等等　腾腾　能能　愣愣　耿耿　坑坑　哼哼　整整　澄城
生生　仍仍　增增　层层　僧僧　聚居　区区　徐徐　女女　律吕
宝宝　扰扰　坑坑　泡泡　早早　哼哼　毛毛　曹操　整整　忉忉
女女　嫂嫂　澄城　滔滔　蹦蹦　生生　脑脑　蓬蓬　仍仍　牢牢
蒙蒙　增增　高高　封封　层层　考考　等等　僧僧　好好　腾腾
律吕　聚居　昭昭　能能　区区　吵吵　愣愣　徐徐　稍稍　耿耿

3. 看打练习 2－3－3：

霸道　争吵　余地　虚拟　讨饶　和好　冷落　基层　苦僧　登陆
升腾　更生　市政　横溢　彭城　迷蒙　蒙蔽　僧侣　呼声　冷酷
吭声　职能　政策　发疯　美梦　每逢　等级　熄灯　讽刺　色泽
出车　悲愤　具备　陪审　分配　费时　给以　撤离　记者　怎能
鲈鱼　许可　鱼池　序曲　玉米　局势　须臾　巨鹿　语录　聚居
语句　巨幅　巨资　曲折　旅居　老保　绿皮　叙述　女仆　语序
秩序　易于　粗俗　大于　风雨　报道　自傲　包庇　承包　逃跑
牢靠　考古　逃离　包括　日报　报考　至少　少许　号召　依靠
招认　操劳　大脑　抄录　找出　主导　礼貌　遭遇　苦恼　富饶
导入　与其　复数　登陆　出入　冷漠　坑人　绕道　操劳　居住

（四）拓展练习

1. 声韵相拼练习。将下表 2－3－2 中与“a、o（uo）、ao、en、e（ei）、eng、i、u、ü”相拼的各个音节准确击打出来。

表 2－3－2　声韵相拼表（一）

［a、o（uo）、ao、en、e（ei）、eng、i、u、ü］

韵 声	a	o（uo）	ao	en	e（ei）	eng	i	u	ü
	A	O	AO	N	E	NE	I	U	IU
b	ba 把	bo 波	bao 报	ben 本	bei 被	beng 泵	bi 比	bu 不	–
B	BA	BO	BAO	BN	BE	BEN	BI	B	
p	pa 怕	po 破	pao 跑	pen 喷	pei 配	peng 碰	pi 批	pu 铺	–
BG	BGA	BGO	BGAO	BGN	BGE	BGNE	BGI	BG	

续表

韵 声	a	o（uo）	ao	en	e（ei）	eng	i	u	ü
	A	O	AO	N	E	NE	I	U	IU
m	ma 吗	mo 末	mao 毛	men 们	me 么 mei 每	meng 蒙	mi 米	mu 木	
XB	XBA	XBO	XBAO	XBN	XBE/ XBIU	XBNE	XBI	XB	
f	fa 法	fo 佛	–	fen 分	fei 非	feng 风	–	fu 副	
UXB	UXBA	UXBO		UXBN	UXBE	UXBNE		UXB	
d	da 大	duo 多	dao 到	den 扽	de 的 dei 得	deng 等	di 地	du 度	–
D	DA	DO	DAO	形码手： 屯	D/DE	DNE	DI	DU	
t	ta 他	tuo 脱	tao 套	–	te 特 tei 忒	teng 腾	ti 体	tu 图	–
BD	BDA	BAO	BDAO		BD/ BDE	BDNE	BDI	BDU	
n	na 那	nuo 诺	nao 脑	nen 嫩	ne 呢 nei 内	neng 能	ni 你	nu 努	女 nü
XBD	XBDA	XBDO	XBDAO	XBDN	XBD/ XBDE	XBDNE	XBDI	NBDU	XBDIU
l	la 拉	luo 落	lao 老	–	le 了 lei 类	leng 冷	li 里	lu 路	率 lü
XD	XDA	XDO	XDAO		XD/ XDE	XDNE	XDI	XDU	XDIU
g	ga 嘎	guo 过	gao 高	gen 跟	ge 个 gei 给	geng 更	–	gu 故	–
G	GA	GO	GAO	GN	G/GE	GNE		GU	
k	ka 卡	kuo 扩	kao 靠	ken 肯	ke 可 kei 剋	keng 坑	–	ku 苦	
XBG	XBGA	XBGO	XBGAO	XBGN	XBG/ XBGE	XBGNE		XBGU	

续表

韵 声	a	o（uo）	ao	en	e（ei）	eng	i	u	ü
	A	O	AO	N	E	NE	I	U	IU
h	ha 哈	huo 或	hao 好	hen 很	he 和 hei 黑	heng 横	–	hu 户	–
XG	XGA	XGO	XGAO	XGN	XG/ XGE	XGNE		XGU	
j	–	–	–	–	–	–	ji 及	–	据 ju
GI							GI		GIU
q	–	–	–	–	–	–	qi 其	–	去 qu
XGI							XGI		XGIU
x	–	–	–	–	–	–	xi 系	–	需 xu
XI							XI		XIU
zh	zha 渣	zhuo 捉	zhao 找	zhen 真	zhe 这 zhei 这	zheng 正	zhi 之	zhu 住	–
Z	ZA	ZO	ZAO	ZN	ZE/ ZIE	ZNE	Z	ZU	
ch	cha 差	chuo 戳	chao 超	chen 陈	che 车	cheng 成	chi 吃	chu 出	–
BZ	BZA	BZO	BZAO	BZN	BZE	BZNE	BZ	BZU	
sh	sha 杀	shuo 说	shao 少	shen 深	she 社 shei 谁	sheng 生	shi 是	shu 数	–
XZ	XZA	XZO	XZAO	XZN	XZE/ XZIE	XZNE	XZ	XZU	
r	–	ruo 若	rao 绕	ren 人	re 热	reng 仍	ri 日	ru 如	–
XBZ		XBZO	XBZAO	XBZN	XBZE	XBZNE	XBZ	XBZU	
z	za 杂	zuo 作	zao 早	zen 怎	ze 则	zeng 增	zi 子	zu 组	–
DZ	DZA	DZO	DZAO	DZN	DZE	DZNE	DZ	DZU	
c	ca 擦	cuo 错	cao 草	cen 岑	ce 侧	ceng 层	ci 此	cu 粗	–
BDZ	BDZA	BDZO	BDZAO	BDZN	BDZE	BDZNE	BDZ	BDZU	
s	sa 撒	suo 所	sao 嫂	sen 森	se 色	seng 僧	si 四	su 素	–
XDZ	XDZA	XDZO	XDZAO	XDZN	XDZE	XDZNE	XDZ	XDZU	

2. 略码练习：

包括　北方　层次　超过　沉重　车间　达到　等于　赌博　多数
保证　北京　曾经　潮流　沉淀　彻底　大家　等等　独立　多少

古代　黑暗　深入　互相　恳求　类似　录用　破坏　区别　热心
固定　黑天　什么　忽然　肯定　类型　路线　迫害　去年　热烈

所有　她们　提出　土地　希望　许多　要求　杂用　造成　政府
所谓　他们　提高　突然　吸收　需要　要是　杂质　遭到　正确

主席　召开　镇压　法国　高度　根据　人民　仍旧　责任　造成
主要　照片　真正　发展　告诉　根本　人们　仍然　责备　遭到

（五）本节测试内容与评价标准

1. 请大家打开亚伟练习系统，选择“键位练习”中的“准确率练习”，找到亚伟资料文件夹中的键位练习文件（“C:\YWWin\键位及音节码\第08－23讲”）中相对应的文件，进行练习和测试。要求准确率100%，速度不低于50字/分。

2. 看打练习2－3－1、2－3－2、2－3－3中的词语，要求一次击键上屏，准确率100%，速度不低于50字/分。

二、韵母ia、iao、ua、ai、uai所对应的韵码

（一）韵码编码对应的韵母与例字（表2－3－3）

表2－3－3 亚伟中文速录机韵码表（二）

韵码编码	IA	IAO	UA	IO	IUO
对应韵母	ia	iao	ua	ai	uai
对应例字	压	要	挖	爱	外

（二）指法与训练

1. 双手中指同时轻按“IA”键“IA：IA”，如图2－3－4所示：

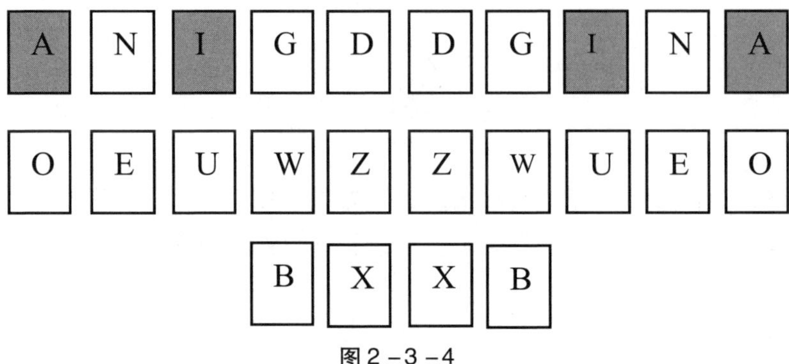

图2－3－4

2. 双手中指同时轻按“IAO”键“IAO：IAO”，如图2－3－5所示：

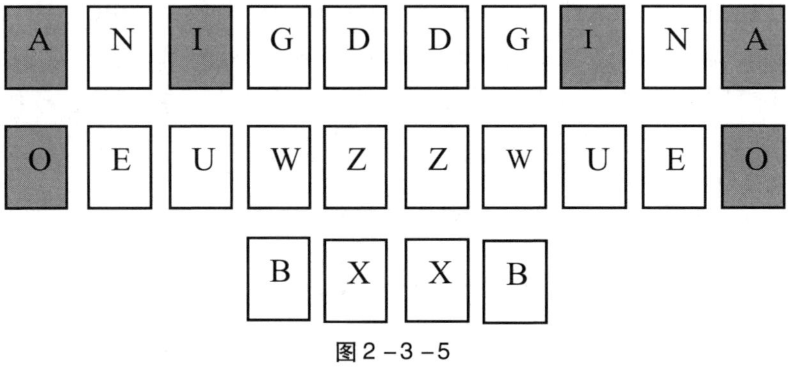

图2－3－5

3. 双手中指同时轻按“UA”键“UA：UA”，如图2－3－6所示：

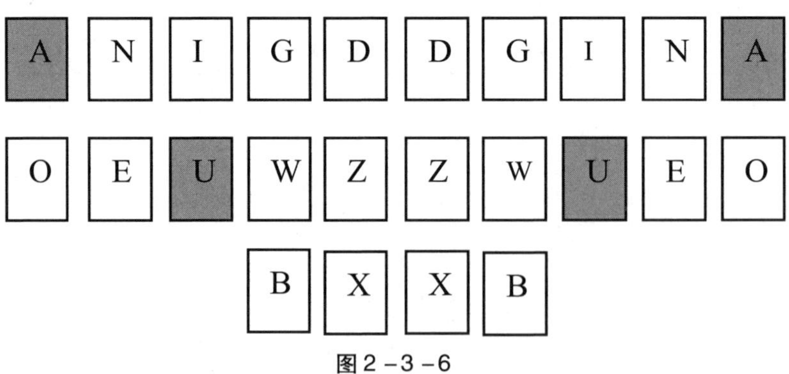

图2－3－6

4. 双手中指同时轻按“IO”键“IO：IO”，如图 2－3－7 所示：

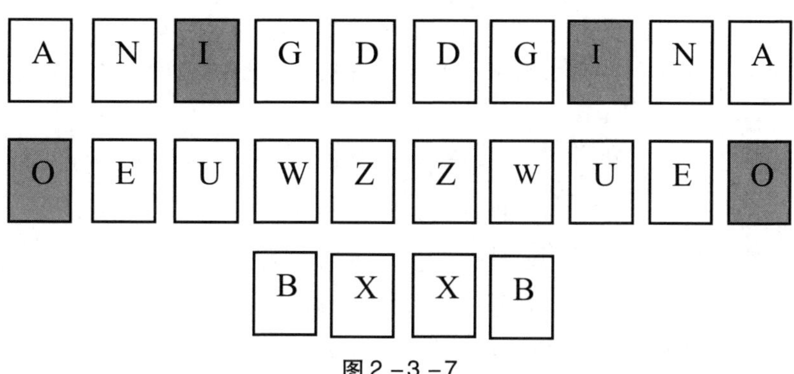

图 2－3－7

5. 双手中指同时轻按“IUO”键“IUO：IUO”，如图 2－3－8 所示：

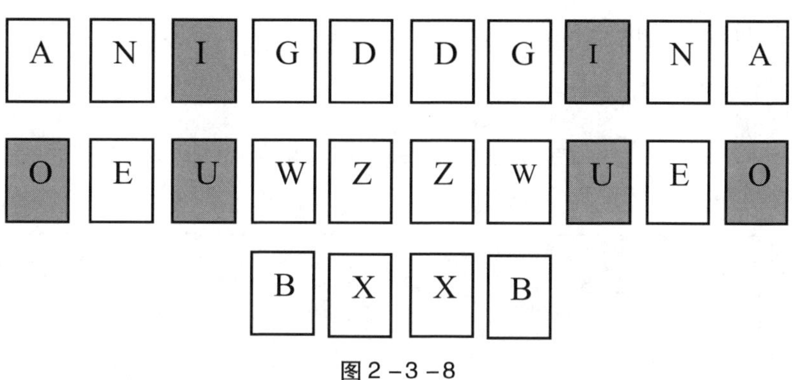

图 2－3－8

（三）课堂训练

1. 看打练习 2－3－4：

呀呀　摇摇　娃娃　艾艾　歪歪　呀呀　艾艾　娃娃　歪歪　摇摇
摇摇　艾艾　娃娃　呀呀　歪歪　艾艾　娃娃　摇摇　呀呀　歪歪

2. 看打练习 2－3－5：

嗲嗲　俩俩　家家　恰恰　表表　票票　渺渺　掉掉　条条　袅袅
寥寥　交角　悄悄　小小　挂挂　跨跨　哗哗　抓抓　刷刷　白白
派派　买卖　逮逮　太太　奶奶　来来　该该　开开　还还　窄窄
柴柴　筛筛　再在　菜菜　塞塞　乖乖　快快　坏坏　拽拽　揣揣
甩甩　俩俩　该该　刷刷　逮逮　交角　渺渺　白白　拽拽　快快
小小　怀怀　买卖　哗哗　袅袅　菜菜　掉掉　揣揣　太太　筛筛

3. 看打练习 2－3－6：

家门　教育　女娲　藐视　扫描　外来　华人　掉下　白描　吵架
价格　家伙　驾驶　独家　揣摩　会计　揣度　挂帅　恰好　下达
败类　坑洼　埋没　海台　彩带　紫菜　栽培　寡妇　挖苦　刷洗
比赛　大概　出差　债户　压寨　还在　深化　甩开　怪人　快速
话题　外挂　吊架　外化　小鸟　爆料　计较　小巧　郊外　脑海
票根　侠客　儒家　调离　华夏　窍门　奇妙　成效　巧妙　撒娇
娇俏　开窍　料理　资料　缴纳　外婆　日晒　采纳　小楷　坏人
摔坏　摔跤　乖巧　拽开　生涯　夏娃　加压　下家　外国　怪话
外来　大拽　怀抱　财会　快活　快递　抓好　瓜分　说话　花朵
花哨　华侨　记载　挤压　嗲声　排出　苗条　八卦　外拍　画图
袜子　刷牙　套票　表带　缥缈　下滑　开挂　初夏　帅气　秒杀

（四）拓展练习

1. 声韵相拼练习。将下表 2－3－4 中与“ia、iao、ua、ai、uai”相拼的各个音节准确击打出来。

表 2－3－4　声韵相拼表（二）

（ia、ao、ua、ai、uai）

韵 声	b	p	m	f	d	t	n	l	g	k	h
	B	BG	XB	XBU	D	DB	XBD	XD	G	XBG	XG
ia 压	–	–	–	–	dia 嗲	–	–	lia 俩	–	–	–
IA					DIA			XDIA			
iao 要	biao 表	piao 票	miao 苗	–	diao 掉	tiao 条	niao 鸟	liao 料	–	–	–
IAO	BIAO	BGIAO	XBIAO		DIAO	DBIAO	XBDIAO	XDIAO			
ua 挖	–	–	–	–	–	–	–	–	gua 挂	kua 跨	hua 华
UA									GUA	XBGUA	XGUA
ai 爱	bai 百	pai 派	mai 买	–	dai 带	tai 太	nai 乃	lai 来	gai 该	kai 开	hai 还
IO	BIO	BGIO	XBIO		DIO	DBIO	XBDIO	XDIO	GIO	XBGIO	XGIO

续表

uai 外	–	–	–	–	–	–	–	–	guai 怪	kuai 快	huai 坏
IUO									GI UO	XBGIUO	XGIUO

韵 声	j	q	x	z	c	s	zh	ch	sh	r	
	GI	XGI	XI	DZ	BDZ	XDZ	Z	BZ	XZ	XBZ	
ia 压	jia 家	qia 恰	xia 下	–	–	–	–	–	–	–	–
IA	GIA	XGIA	XIA								
iao 要	jiao 较	qiao 桥	xiao 小	–	–	–	–	–	–	–	
IAO	GIAO	XGIAO	XIAO								
ua 挖	–	–	–	–	–	–	zhua 抓	–	shua 刷	–	
UA							ZUA		XZUA		
ai 爱	–	–	–	zai 在	cai 才	sai 塞	zhai 寨	chai 柴	shai 筛	–	–
IO				DZIO	BDZIO	XDZIO	ZIO	BZIO	XZIO		
uai 外	–	–	–	–	–	–	zhuai 拽	chuai 揣	shuai 率	–	
IUO							ZIUO	BZIUO	XZIUO		

2．略码练习：

加快　恰如　下面　表现　划分　跨度　抓住　快速　外国　揣摩
加强　恰当　下来　表示　化学　夸大　抓紧　快餐　外交　揣测

来源　再生　开放　耐用　埋头　描绘　调动　条件　疗效　叫做
来宾　在于　开展　耐心　买卖　描写　调查　调整　了解　交换

改革　孩子　采用　衰落　挖掘　效果　漂亮　代表　台湾　侨眷
改变　还是　才能　率领　瓦解　小姐　飘然　代替　态度　巧妙

（五）本节测试内容与评价标准

1．请大家打开亚伟练习系统，选择“键位练习”中的“准确率练习”，找到亚伟资料文件夹中的键位练习文件（“C:\YWWin\键位及音节码\第08－23讲”）中相对应的文件，进行练习和测试。要求准确率100%，速度不低于50字/分。

2. 看打练习2－3－4、2－3－5、2－3－6中的词语，要求一次击键上屏，准确率100%，速度不低于50字/分。

三、韵母an、ian、uan、üan所对应的韵码

（一）韵码编码对应的韵母与例字（表2－3－5）

表2－3－5 亚伟中文速录机韵码表（三）

韵码编码	AN	IAN	UAN	IUAN
对应韵母	an	ian	uan	yuan
对应例字	按	言	万	圆

（二）指法与训练

1. 双手中指同时轻按“AN”键“AN：AN”，如图2－3－9所示：

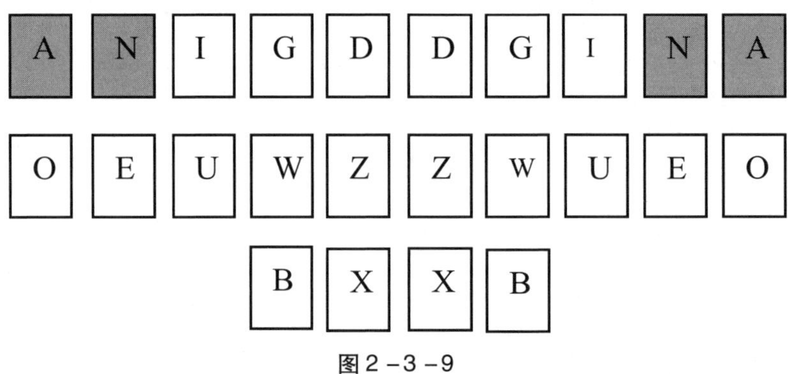

图2－3－9

2. 双手中指同时轻按“IAN”键“IAN：IAN”，如图2－3－10所示：

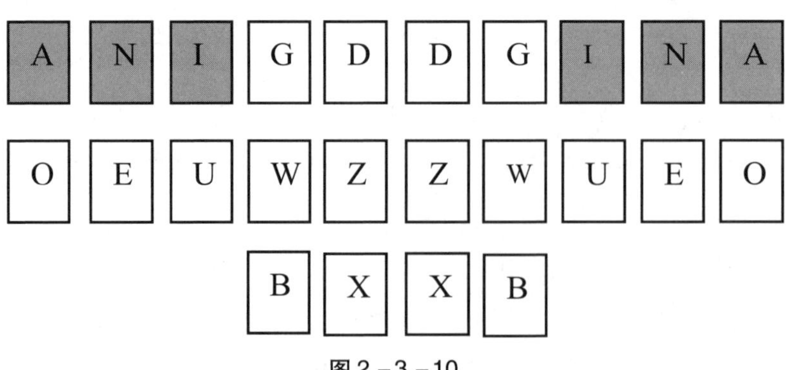

图2－3－10

3. 双手中指同时轻按“UAN”键“UAN：UAN”，如图2-3-11所示：

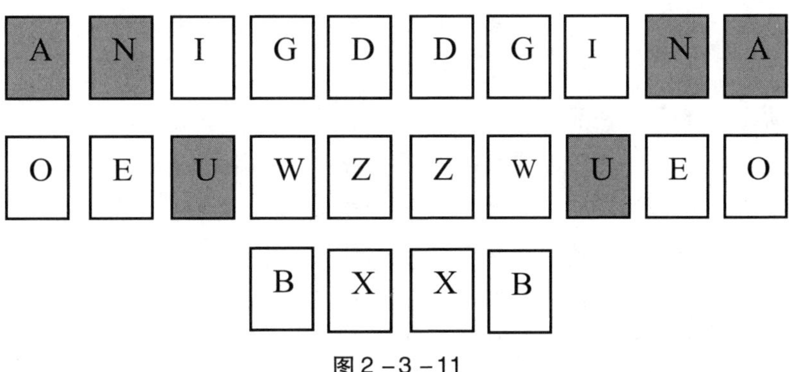

图2-3-11

4. 双手中指同时轻按“IUAN”键“IUAN：IUAN”，如图2-3-12所示：

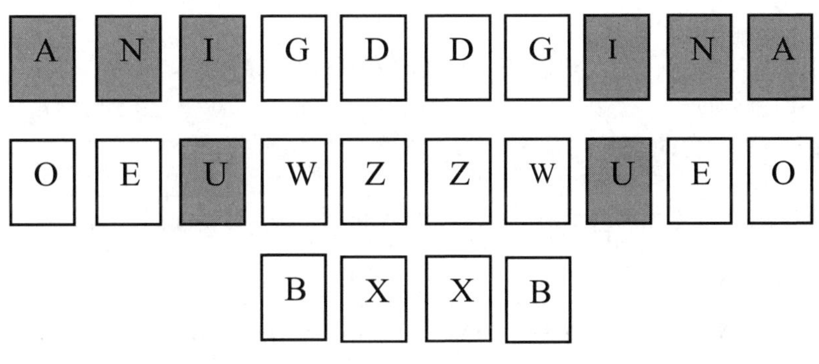

图2-3-12

（三）课堂训练

1. 看打练习2-3-7：

暗暗　万万　岩盐　远远　安万　铵盐　安源　万安　蜿蜒　万源
沿岸　言万　演员　冤案　元万　原盐　万万　远远　岩盐　暗暗

2. 看打练习2-3-8：

办班　盘盘　慢慢　翻番　单单　昙昙　喃喃　蓝蓝　敢干　看看
韩寒　咱咱　惨惨　散散　占占　潺潺　闪闪　冉冉　便便　偏偏
绵绵　点点　天天　年年　连连　渐渐　前前　显现　暖暖　乱乱
短短　团团　管管　款款　缓缓　钻钻　篡篡　酸酸　转转　船船
拴拴　软软　涓涓　全全　宣萱　远远　万万　暗暗　岩盐　办班

3. 看打练习 2 –3 –9：

边沿　沿岸　天年　霸占　保全　大连　肝胆　原料　蜿蜒　全面
开遍　昨天　年间　原来　路面　艰险　宽限　聚变　便利　思念
黑面　边缘　含冤　面前　圆满　政变　摘编　原先　出院　单元
沾满　简便　连绵　残垣　展览　模范　排灌　宣言　暂缓　款式
怨妇　断壁　千万　换算　感念　主观　叛乱　看管　返照　选刊
专署　旋转　演变　团员　专权　短见　源泉　赚钱　家园　浇灌
霸权　全面　宣告　万年　宽严　酸甜　专员　元件　电玩　荏苒
取暖　船板　传染　天边　缠绕　元曲　钻探　前线　坦言　陕县
翻录　分院　悬挂　地段　川黔　晚生　拆迁　侨眷　转眼　复员
杜撰　传说　篡改　算术　开拴　万贯　宽言　晚班　心软　转念

（四）拓展练习

1. 声韵相拼练习。将下表 2 –3 –6 中与“an、ian、uan、üan”相拼的各个音节准确击打出来。

表 2 –3 –6　声韵相拼表（三）

（an、ian、uan、üan）

韵 声	b	p	m	f	d	t	n	l	g	k	h
	B	BG	XB	XBU	D	DB	XBD	XD	G	XBG	XG
an 按	ban 办	pan 盘	man 满	fan 反	dan 但	tan 谈	nan 南	lan 蓝	gan 干	kan 看	han 含
AN	BAN	BGAN	XBAN	XBUAN	DAN	DBAN	XBDAN	XDAN	GAN	XBGAN	XGAN
ian 言	bian 便	pian 片	mian 面	–	dian 点	tian 天	nian 年	lian 连	–	–	–
IAN	BINA	BGIAN	XBIAN		DIAN	DBIAN	XBDIAN	XDIAN			
uan 万	–	–	–	–	duan 段	tuan 团	nuan 暖	luan 乱	guan 管	kuan 宽	huan 换
UAN					DUAN	DBUAN	XBDUAN	XDUAN	GUAN	XBGUAN	XGUAN
üan 圆	–	–	–	–	–	–	–	–	–	–	–
IUAN											

续表

韵	j	q	x	z	c	s	zh	ch	sh	r	
声	GI	XGI	XI	DZ	BDZ	XDZ	Z	BZ	XZ	XBZ	
an 按	–	–	–	zan 咱	can 餐	san 三	zhan 占	chan 产	shan 山	ran 然	–
AN				DZAN	BDZAN	XDZAN	ZNA	BZAN	XZAN	XBZAN	
ian 言	jian 间	qian 前	xian 先	–	–	–	–	–	–	–	
IAN	GIAN	XGIAN	XIAN								
uan 万	–	–	–	zuan 钻	cuan 篡	suan 酸	zhuan 转	chuan 船	shuan 拴	ruan 软	
UAN				DZUAN	BDZUAN	XDAUAN	ZUAN	BZUAN	XZUAN	XBZUAN	
üan 圆	juan 卷	quan 全	xuan 选	–	–	–	–	–	–	–	
IUAN	GIUAN	XGIUAN	XIUAN								

2. 略码练习：

安全　办法　看出　欢迎　管理　严重　判决　传统　单位　感觉
按照　办理　看到　环境　关系　研究　攀登　传播　但是　感到

含有　坚决　蓝图　满足　面前　南方　片面　前面　天津　团体
含量　建设　篮球　漫谈　面貌　难道　偏差　前来　天下　团结

（五）本节测试内容与评价标准

1. 请大家打开亚伟练习系统，选择“键位练习”中的“准确率练习”，找到亚伟资料包中的键位练习文件（“C：\YWWin\ 键位及音节码\ 第 08 – 23 讲”）中相对应的文件，进行练习和测试。要求准确率 100%，速度不低于 50 字/分。

2. 看打练习 2 – 3 – 7、2 – 3 – 8、2 – 3 – 9 中的词语，要求一次击键上屏，准确率 100%，速度不低于 50 字/分。

四、韵母 ou、ong、iou（iu）、iong 所对应的韵码

（一）韵码编码对应的韵母与例字（表 2－3－7）

表 2－3－7　亚伟中文速录机韵码表（四）

韵码编码	EO	UEO	IEO	IUEO
对应韵母	ou	ong	iou（iu）uan	iong
对应例字	欧	翁	有	用

（二）指法与训练

1. 双手中指同时轻按“EO”键“EO：EO”，如图 2－3－13 所示：

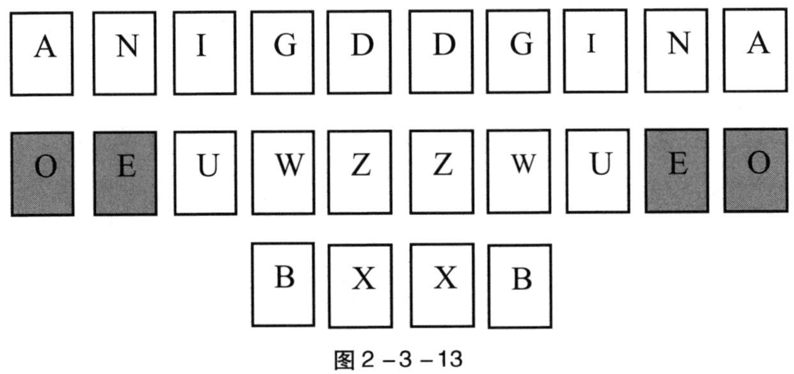

图 2－3－13

2. 双手中指同时轻按“UEO”键“UEO：UEO”，如图 2－3－14 所示：

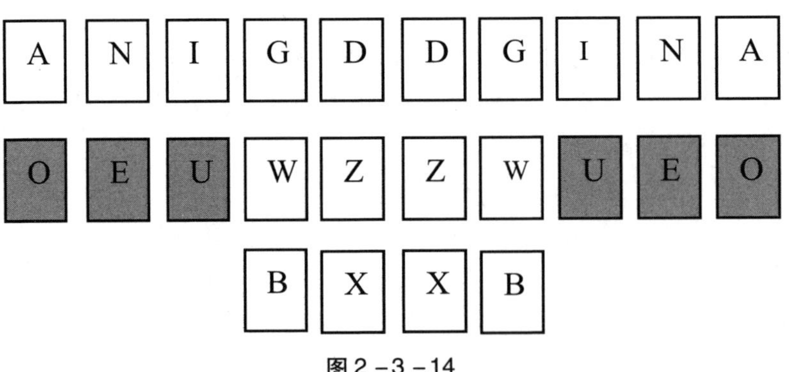

图 2－3－14

3. 双手中指同时轻按“IEO”键“IEO：IEO”，如图 2－3－15 所示：

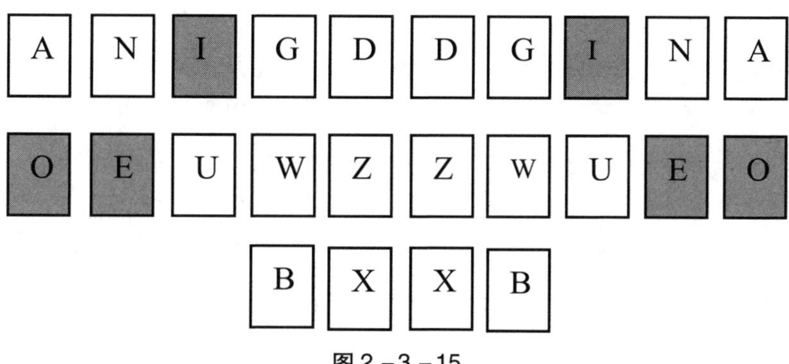

图 2－3－15

4. 双手中指同时轻按“IUEO”键“IUEO：IUEO”，如图 2－3－16 所示：

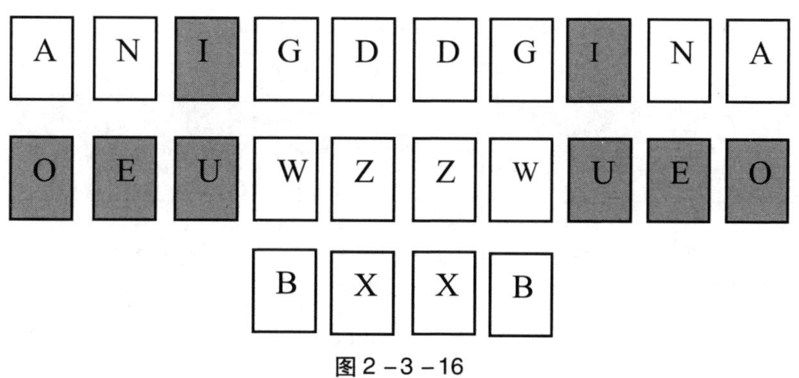

图 2－3－16

（三）课堂训练

1. 看打练习 2－3－10：

欧欧　嗡嗡　悠悠　庸庸　嗡嗡　翁有　庸庸　欧欧　有用　用欧
欧勇　翁欧　欧翁　翁用　有欧　有翁　偶有　用翁　拥有　悠悠

2. 看打练习 2－3－11：

剖剖　某某　否否　兜兜　偷偷　耨耨　楼楼　够够　口口　后后
咚咚　统统　浓浓　隆隆　公共　空空　烘烘　谬谬　丢丢　妞妞
溜溜　走走　凑凑　艘艘　妯妯　抽抽　收受　肉肉　总总　匆匆
送送　种种　重重　熔融　九九　求求　修修　炯炯　穷穷　熊熊

3. 看打练习 2－3－12：

海鸥　优秀　窘迫　穷苦　搜救　供求　秋游　收购　丢下　后手
求救　下流　主修　钮扣　啤酒　休闲　牛肉　成就　富有　诱惑

腐朽　股东　凑够　忍受　同谋　冬奥　恐怕　送走　重返　走丢
踌躇　浓厚　谋求　能否　兜售　通融　浓缩　松散　绒毛　繁荣
扣除　报酬　浓艳　摸透　简陋　透彻　偷盗　匈奴　贫穷　下楼
崇高　乾隆　沿用　胸口　永恒　服用　拥抱　胸怀　哭穷　救命
控告　崇拜　凶犯　用来　弄丢　通用　庸俗　富翁　漏油　农田
莎翁　用人　非洲　轰隆　用工　供求　专攻　配偶　谋反　漏洞
振龙　卖弄　凶神　穷家　何炅　送终　龙眼　熔化　车轴　凑巧
首要　外用　挖沟　要命　亚洲　哀求　游览　万有　欧元　原油
崇山　斗殴　冲锋　中毒　小偷　蜂拥　优秀　种类　轴线　掉头

（四）拓展练习

1. 声韵相拼练习。将下表2－3－8中与“ou、ong、iou（iu）、iong”相拼的各个音节准确击打出来。

表2－3－8　声韵相拼表（四）

（ou、ong、iou（iu）、iong）

韵＼声	b	p	m	f	d	t	n	l	g	k	h
	B	BG	XB	XBU	D	DB	XBD	XD	G	XBG	XG
ou 欧	–	pou 剖	mou 某	fou 否	dou 都	tou 头	nou 耨	lou 楼	gou 够	kou 口	hou 后
EO		BGEO	XBEO	XBUEO	DEO	DBEO	XBNEO	XDEO	GEO	XBGEO	XGEO
ong 翁	–	–	–	–	dong 动	tong 同	nong 农	long 龙	gong 共	kong 孔	hong 红
UEO					DUEO	DBUEO	XBDUEO	XDUEO	GUEO	XBGUEO	XGUEO
iou（iu）有	–	–	miu 谬	–	diu 丢	–	niu 牛	liu 六	–	–	–
IEO			XBIEO		DIEO		XBDIEO	XDIEO			
iong 用	–	–	–	–	–	–	–	–	–	–	–
IUEO											

续表

韵 声	j GI	q XGI	x XI	z DZ	c BDZ	s XDZ	zh Z	ch BZ	sh XZ	r XBZ	
ou 欧	–	–	–	zou 走	cou 凑	sou 艘	zhou 轴	chou 抽	shou 受	rou 肉	–
EO				DZ EO	BDZ EO	XDZ EO	ZEO	BZ EO	XZ EO	XBZ EO	
ong 翁	–	–	–	zong 总	cong 从	song 送	zhong 中	chong 虫	–	rong 溶	
UEO				DZU EO	BDZ UEO	XDZ UEO	ZU EO	BZU EO		XBZ UEO	
iou（iu） 有	jiu 就	qiu 求	xiu 修	–	–	–	–	–	–	–	
IEO	GIEO	XGI EO	XI EO								

2. 略码练习：

欧洲　有关　永远　否认　斗争　动作　穷人　宏观　充分　工作
偶然　由于　勇于　否则　都是　东西　穷困　红色　重新　工业

流动　就要　后面　修改　农村　总统　从事　中国　谋划　投入
留恋　就是　后来　修理　农民　总是　从而　重要　某些　投资

（五）本节测试内容与评价标准

1. 请大家打开亚伟练习系统，选择“键位练习”中的“准确率练习”，找到亚伟资料文件夹中的键位练习文件(“C:\YWWin\ 键位及音节码\ 第 08 – 23 讲”）中相对应的文件，进行练习和测试。要求准确率 100%，速度不低于 50 字/分。

2. 看打练习 2 – 3 – 10、2 – 3 – 11、2 – 3 – 12 中的词语，要求一次击键上屏，准确率 100%，速度不低于 50 字/分。

五、韵母 ang、io、iang、uang、er 所对应的韵码

（一）韵码编码对应的韵母与例字（表 2－3－9）

表 2－3－9 亚伟中文速录机韵码表（五）

韵码编码	NO	EA	INO	UNO	XE
对应韵母	ang	io	iang	uang	er
对应例字	昂	哟	样	王	而

注：io、er 两个韵母在汉语不与任何声母相拼。

（二）指法与训练

1. 双手中指同时轻按“NO”键“NO：NO”，如图 2－3－17 所示：

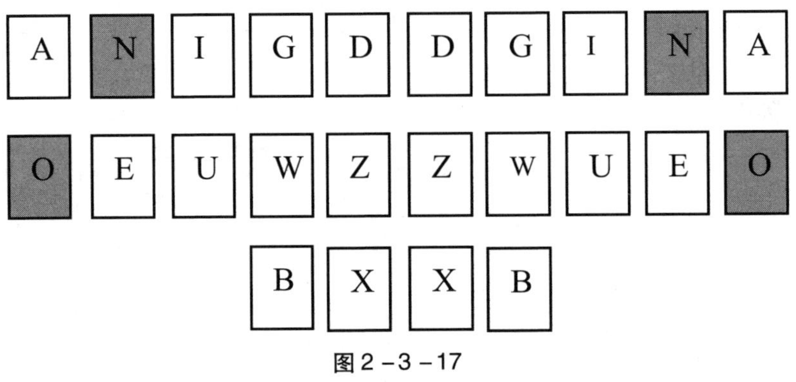

图 2－3－17

2. 双手中指同时轻按“EA”键“EA：EA”，如图 2－3－18 所示：

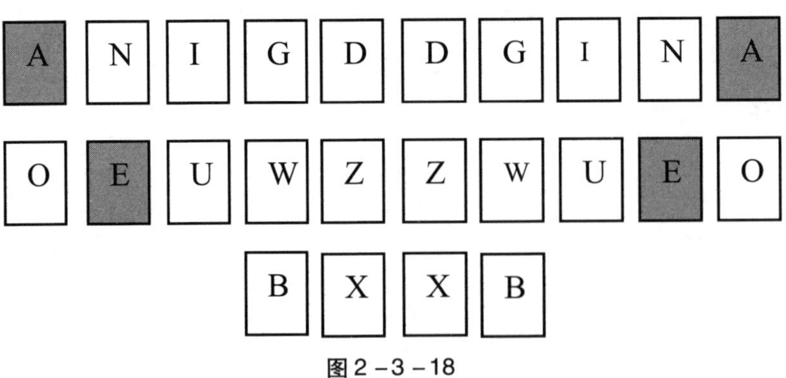

图 2－3－18

3. 双手中指同时轻按“INO”键“INO：INO”，如图 2－3－19 所示：

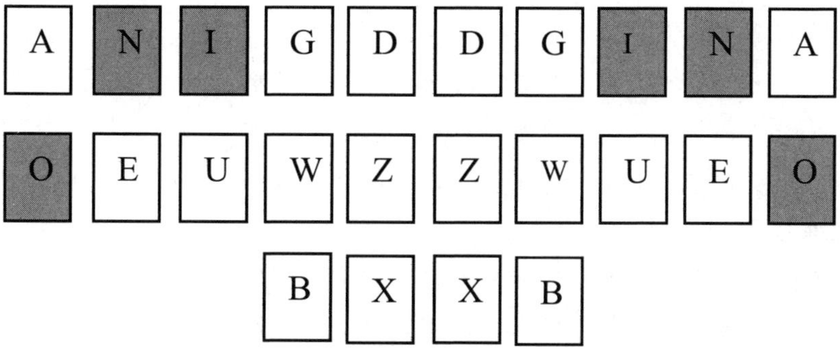

A N I G D D G I N A
O E U W Z Z W U E O
B X X B

图 2－3－19

4. 双手中指同时轻按“UNO”键“UNO：UNO”，如图 2－3－20 所示：

A N I G D D G I N A
O E U W Z Z W U E O
B X X B

图 2－3－20

5. 双手中指同时轻按“XE”键“XE：XE”，如图 2－3－21 所示：

A N I G D D G I N A
O E U W Z Z W U E O
B X X B

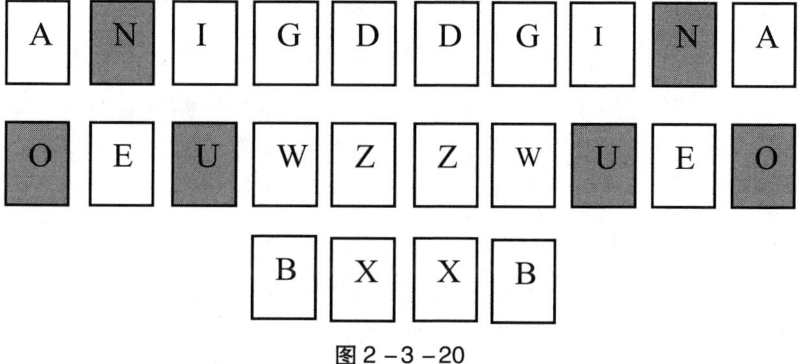

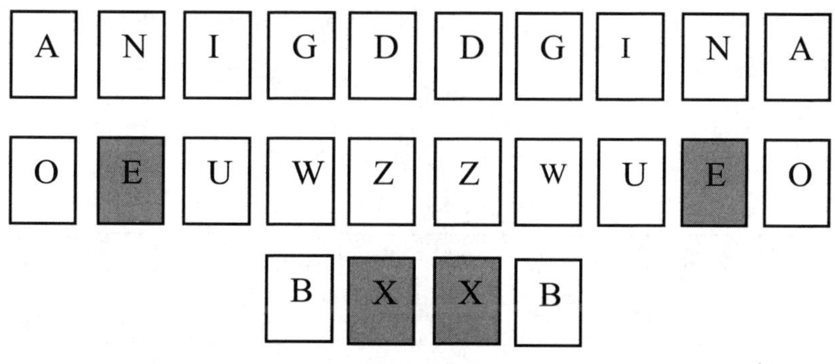

图 2－3－21

（三）课堂训练

1. 看打练习 2－3－13：

昂昂　哟哟　样样　往往　二二　昂扬　样昂　昂哟　哟昂　昂王
王昂　而昂　昂而　而哟　哟而　养兒　二氧　王尔　二王　往往
昂昂　二二　哟哟　样样　往往　二二　昂昂　样样　往往　哟哟

2. 看打练习 2－3－14：

棒棒　胖胖　茫茫　方芳　当当　堂堂　囔囔　朗朗　刚刚　抗抗
行行　将将　强强　想象　彰彰　常常　上上　藏藏　苍苍　桑桑
嚷嚷　娘娘　凉凉　幢幢　床床　双双　光光　框框　晃晃　想象
彰彰　床床　朗朗　苍苍　框框　娘娘　强强　方芳　嚷嚷　藏藏

3. 看打练习 2－3－15：

榜样　上榜　忙碌　大洋　儿话　哎哟　昂扬　放荡　仰望　肮脏
上当　风浪　慌张　身旁　皇上　藏匿　躲藏　刚强　阳刚　礼让
狼狈　法郎　贪赃　反抗　杭州　站岗　倘若　奥丧　肥胖　高档
茫然　繁忙　诽谤　长廊　商场　如上　导航　宝藏　酿造　长江
红娘　抢购　二王　销量　小样　洋相　理想　疯狂　摇晃　形象
装璜　眼光　愿望　声望　症状　探望　凉爽　旺盛　沧桑　说谎
外行　伤亡　阳江　勇往　旺角　扬言　抓狂　漏网　狂躁　保养
往常　晃荡　跌撞　上床　双簧　光杆　芬芳　条框　螳螂　表彰
二郎　养兒　酿酒　小儿　行哟　哎哟　哟啊　苍茫　双床　流氓
当口　演讲　池塘　爱上　闯荡　慌忙　方框　恍惚　张扬　吵嚷
缴枪　乔装　开创　荒唐　光芒　闪光　闪亮　亮堂　忍让　边防

（四）拓展练习

1. 声韵相拼练习。将下表 2－3－10 中与“ang、io、iang、uang、er”相拼的各个音节准确击打出来。

表 2－3－10　声韵相拼表（五）

（ang、io、iang、uang、er）

韵 声	b	p	m	f	d	t	n	l	g	k	h
	B	BG	XB	XBU	D	DB	XBD	XD	G	XBG	XG
ang 昂	bang 棒	pang 旁	mang 忙	fang 放	dang 当	tang 唐	nang 囊	lang 浪	gang 钢	kang 抗	hang 行

续表

韵 声	b B	p BG	m XB	f XBU	d D	t DB	n XBD	l XD	g G	k XBG	h XG
NO	BNO	BG NO	XB NO	XBUNO	DNO	DBNO	XBDNO	XD NO	GNO	XBGNO	XG NO
io 哟 EA	–	–	–	–	–	–	–	–	–	–	–
yang 样	–	–	–	–	–	–	niang 娘	liang 两	–	–	–
INO							XBDI NO	XDI NO			
wang 王	–	–	–	–	–	–	–	–	guang 光	kuang 矿	huang 黄
UNO									GUNO	XBG UNO	XGU NO

韵 声	j GI	q XGI	x XI	z DZ	c BDZ	s XDZ	zh Z	ch BZ	sh XZ	r XBZ	
ang 昂	–	–	–	zang 脏	cang 藏	sang 桑	zhang 长	chang 长	shang 上	rang 让	–
NO				DZNO	BDZ NO	XDZ NO	ZNO	BZNO	XZNO	XBZ NO	
io 哟 EA	–	–	–	–	–	–	–	–	–	–	
韵 声	j GI	q XGI	x XI	z DZ	c BDZ	s XDZ	zh Z	ch BZ	sh XZ	r XBZ	
yang 样	jiang 将	qiang 强	xiang 向	–	–	–	–	–	–	–	–
INO	GINO	XGINO	XINO								
wang 王	–	–	–	–	–	–	zhuang 装	chuang 床	shuang 双	–	
UNO							ZUNO	BZUNO	XZU NO		

2. 略码练习：

良好　相同　帮助　旁观　浪费　方法　刚才　讲话　强度　长度
粮食　相等　帮忙　旁边　浪潮　方面　钢铁　将来　强调　长期

儿童　养成　昂贵　狂欢　状况　广泛　创作　荒废　当时　上面
而且　样品　养成　况且　状态　广大　创造　荒谬　当然　上来

（五）本节测试内容与评价标准

1. 请大家打开亚伟练习系统，选择“键位练习”中的“准确率练习”，找到亚伟资料包文件夹的键位练习文件(“C:\YWWin\键位及音节码\第08－23讲”）中相对应的文件，进行练习和测试。要求准确率100%，速度不低于50字/分。

2. 看打练习2－3－13、2－3－14、2－3－15中的词语，要求一次击键上屏，准确率100%，速度不低于50字/分。

六、韵母in、uei（ui）、uen（un）、ün、ie、üe、ing所对应的韵码

（一）韵码编码对应的韵母与例字（表2－3－11）

表2－3－11　亚伟中文速录机韵码表（六）

韵码编码	IN	UE	UN	IUN	IE	IUE	INE
对应韵母	in	uei（ui）	uen（un）	ün	ie	üe	ing
对应例字	因	为	问	云	也	月	应

（二）指法与训练

1. 双手中指同时轻按“IN”键“IN：IN”，如图2－3－22所示：

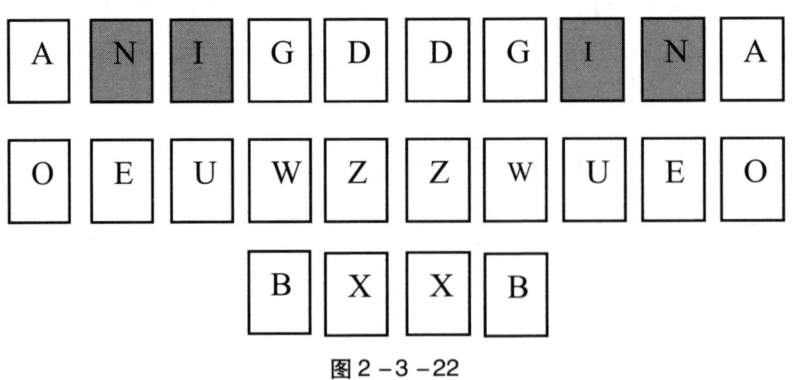

图2－3－22

2. 双手中指同时轻按“UE”键“UE：UE”，如图2-3-23所示：

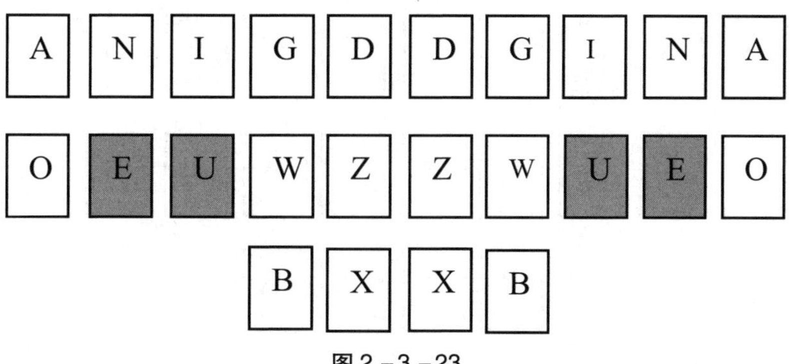

图2-3-23

3. 双手中指同时轻按“UN”键“UN：UN”，如图2-3-24所示：

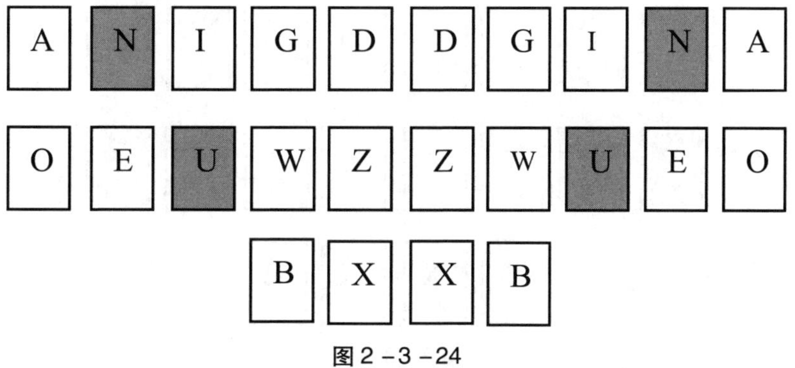

图2-3-24

4. 双手中指同时轻按“IUN”键“IUN：IUN”，如图2-3-25所示：

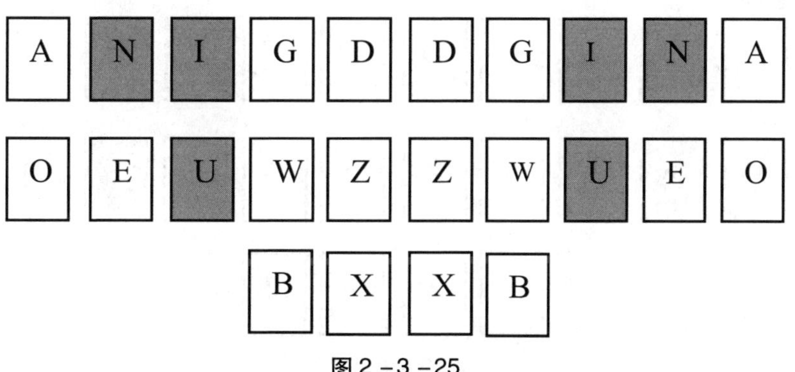

图2-3-25

5. 双手中指同时轻按“IE”键“IE：IE”，如图 2－3－26 所示：

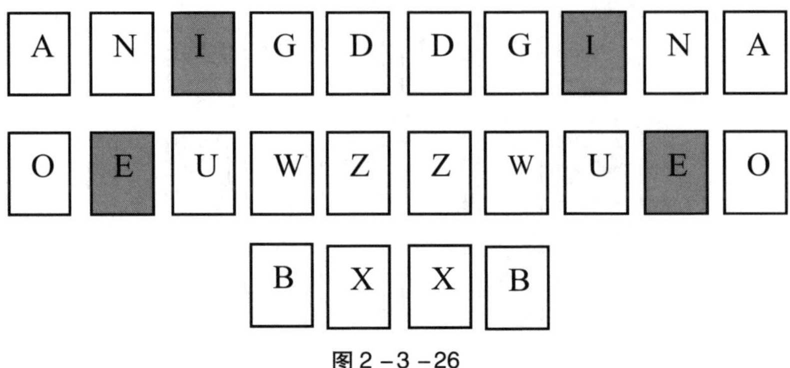

图 2－3－26

6. 双手中指同时轻按“IUE”键“IUE：IUE”，如图 2－3－27 所示：

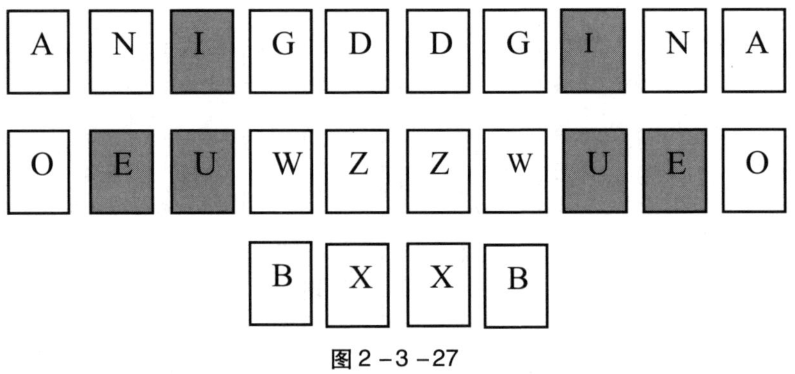

图 2－3－27

7. 双手中指同时轻按“INE”键“INE：INE”，如图 2－3－28 所示：

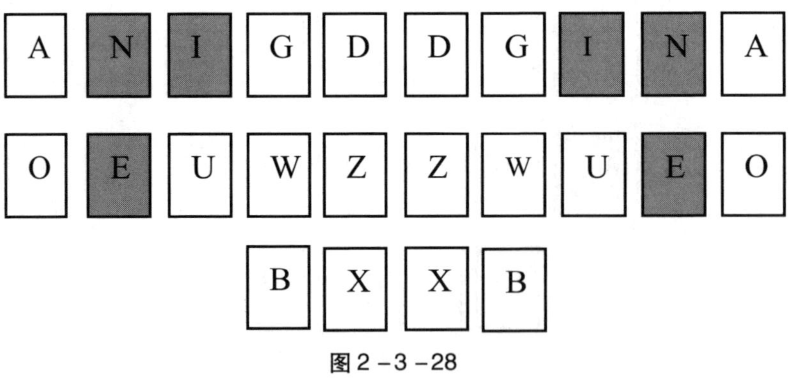

图 2－3－28

（三）课堂训练

1. 看打练习 2－3－16：

隐隐　微微　温文　云云　爷爷　跃跃　盈盈　爷爷　云云　微微
爷爷　云云　隐隐　盈盈　温文　微微　跃跃　盈盈　隐隐　温文
微微　爷爷　跃跃　云云　盈盈　温文　隐隐　微微　跃跃　云云

2. 看打练习 2－3－17：

彬彬　频频　民民　吨吨　吞吞　吞吞　论论　润润　姐姐　切切
谢谢　谆谆　蠢蠢　顺顺　尊尊　村村　孙孙　最最　翠翠　碎碎
淋淋　亲亲　仅仅　信心　睽睽　回回　推推　爹爹　铁铁　烈烈
灭灭　病病　平平　命名　零陵　静静　轻轻　行星　凝凝　群群

3. 看打练习 2－3－18：

鉴定　并行　频繁　春梦　心情　结晶　命令　亲情　定准　铁凝
群星　顺应　尊向　感谢　淋病　粤菜　温顺　尊贵　回跌　温情
民心　论调　碎裂　民情　晕船　音乐　引擎　踊跃　微笑　轻盈
圆润　隐含　贴面　愚蠢　高频　旅顺　迎门　祥云　微调　眩晕
傀儡　回想　紧张　晕眩　尊上　退让　跌撞　颓丧　凝望　群策
反向　宁静　旺月　迎候　田野　野外　袋装　文章　沦丧　壮烈
沦陷　清明　晴朗　温顺　清新　悦耳　定居　春忙　春节　翠绿
碎片　贴切　令尊　金钗　平民　闽剧　禁令　回旋　村庄　省略
景象　萦绕　鸣响　秦岭　岭南　纯粹　水帘　归降　对白　亏损
品尝　屯聚　亏心　滚蛋　混帐　轻蔑　爹娘　吹嘘　孙总　军令
性情　情形　冷却　外宾　琳琅　定型　听讲　泄洪　精明　缺陷
涅盘　村长　温饱　桥屯　暴虐　虐待　超群　缺少　退却　拒绝

（四）拓展练习

1. 声韵相拼练习。将下表 2－3－12 中与“in、uei（ui）、uen（un）、ün、ie、üe、ing”相拼的各个音节准确击打出来。

表2－3－12　声韵相拼表（六）

（in、uei（ui）、uen（un）、ün、ie、üe、ing）

韵＼声	b	p	m	f	d	t	n	l	g	k	h
	B	BG	XB	XBU	D	DB	XBD	XD	G	XBG	XG
in 因	bin 宾	pin 品	min 民	–	–	–	nin 您	lin 林	–	–	–
IN	BIN	BGIN	XBIN				XBDIN	XDIN			
uei（ui）为	–	–	–	–	dui 对	tui 推	–	–	gui 归	kui 亏	hui 会
UE					DUE	DBUE			GUE	XBGUE	XGUE
uen 问	–	–	–	–	dun 吨	tun 屯	–	lun 论	gun 滚	kun 困	hun 混
UN					DUN	DBUN		XDUN	GUN	XBGUN	XGUN
ün 云	–	–	–	–	–	–	–	–	–	–	–
IUN											
ie 也	–	–	mie 灭	–	die 爹	tie 铁	nie 镍	lie 列	–	–	–
IE			XBIE		DIE	DBIE	XBDIE	XDIE			
üe 月	–	–	–	–	–	–	nüe 虐	lüe 略	–	–	–
IUE							XBDIUE	XDIUE			
ing 应	bing 并	ping 平	ming 名	–	ding 定	ting 听	ning 凝	ling 另	–	–	–
INE	BINE	BGINE	XBINE		DINE	BDINE	XBDINE	XDINE			

续表

韵 声	j	q	x	z	c	s	zh	ch	sh	r	
	GI	XGI	XI	DZ	BDZ	XDZ	Z	BZ	XZ	XBZ	
in 因	jin 进	qin 亲	xin 新	–	–	–	–	–	–	–	
IN	GIN	XGIN	XIN								
uei（ui）为	–	–	–	zui 最	cui 翠	sui 虽	zhui 追	chui 吹	shui 水	rui 瑞	
UE				DZUE	BDZ UE	XDZ UE	ZUE	BZUE	XZUE	XBZ UE	
uen 问	–	–	–	zun 尊	cun 村	sun 孙	zhun 准	chun 春	shun 顺	run 润	
UN				DZUN	BDZ UN	XDZ UN	ZUN	BZUN	XZUN	XBZ UN	
ün 云	jun 军	qun 群	xun 讯	–	–	–	–	–	–	–	–
IUN	GIUN	XGI UN	XIUN								
ie 也	jie 节	qie 且	xie 写	–	–	–	–	–	–	–	
IE	GIE	XGIE	XIE								
üe 月	jue 决	que 却	xue 学	–	–	–	–	–	–	–	
IUE	GIUE	XGI UE	XIUE								
ing 应	jing 经	qing 清	xing 性	–	–	–	–	–	–	–	
INE	GINE	XGI NE	XINE								

2. 略码练习：

因为　委员　文化　运动　也许　月份　影响　情况　绝对　缺点
因此　为了　问题　运用　业绩　约束　应该　青年　决定　确定

学生　经过　结果　军队　存贮　春秋　随着　领袖　病人　明确
学习　经济　解决　均匀　存在　春天　虽然　领导　并且　明显

（五）本节测试内容与评价标准

1. 请大家打开亚伟练习系统，选择“键位练习”中的“准确率练习”，找到亚伟资料文件夹中的键位练习文件（“C:\YWWin\键位及音节码\第08－23讲”）中相对应的文件，进行练习和测试。要求准确率100%，速度不低于50字/分。

2. 看打练习2－3－13、2－3－14、2－3－15中的词语，要求一次击键上屏，准确率100%，速度不低于50字/分。

七、韵码总复习

韵母部分是速录学习的难点，34个韵码数量较大且难度不等。有些韵码与汉语拼音中的韵母字母组合相同，如A（a）、U（u）、AO（ao）等；有些是进行了重新的亚伟编码，如UE（uei）、UEO（ong）等；有些韵码包含了两个韵母，如E（e/ei）、O（o/uo）；有些需要特殊记忆，如每、这、谁、贼。与声码相比，韵码情况相对复杂，因此学习起来有一定困难。

本书的韵码部分是参照手指使用情况及是否有共同键位进行分组编写的，找到规律可以帮助大家更好地学习掌握：

1. 单指单击：啊（A）、我（O）、奥（AO）、恩（N）、额（E）、嗯（NE）、一（I）、五（U）、与（IU）；

2. 中指、小拇指并击，共同键位“A”：压（IA）、要（IAO）、挖（UA）、爱（IO）、外（IUO）；

3. 中指、无名指、小拇指并击，共同键位“AN”：按（AN）、言（IAN）、万（UAN）、圆（IUAN）；

4. 中指、无名指、小拇指并击，共同键位“EO”：欧（EO）、翁（UEO）、有（IEO）、用（IUEO）；

5. 共同键位“NO”：昂（NO）、样（INO）、王（UNO）；

6. 中指、无名指并击：因（IN）、为（UE）、问（UN）、云（IUN）、也（IE）、月（IUE）、应（INE）。

注：而（XE）、哟（EA）两个音节不涉及与声母相拼，也可以单独记忆。

韵码的学习和练习过程中，也要严格遵守正确的坐姿和指法要求，在多指并击过程中，手指按键要轻、准、稳、均（各个手指用力均衡），前文中提过的各种指法错误，本阶段依然要注意避免。

汉语常用音节有400多个，因此本阶段学习过程中词语的练习量要加大，才能确保打下坚实的词语基础，为接下来的文章速录做好充分的准备。

全部34个韵码编码见下表2－3－13。

表 2－3－13　汉语拼音韵母与键位码对应表

韵母/发音例字		i：衣	u：乌	ü：迂
键位编码		I	U	IU
	a：啊	ia：呀	ua：蛙	
	A	IA	UA	
	o：喔		uo：窝	
	O		O	
	e：鹅	ie：耶		üe：约
	E	IE		IU
	ai：哀		uai：歪	
	IO		IUO	
	ei：欸		uei（ui）：威	
	E		UE	
	ao：熬	iao：腰		
	AO	IAO		
	ou：欧	iou（iu）：忧		
	EO	IEO		
	an：安	ian：烟	uan：弯	üan：冤
	AN	INA	UNA	IUNA
	en：恩	in：因	uen（un）：温	ün：晕
	EN	IN	UN	IUN
	ang：昂	iang：央	uang：汪	
	NO	INO	UNO	
	eng：亨的韵母	ing：英	ueng：翁	
	NE	INE	UEO	
	ong：轰的韵母	iong：雍		
	UEO	IUEO		

注：根据汉语拼音的拼写规则，有几点需要说明：

（1）i 行的韵母，前面没有声母的时候，写成 yi（衣），ya（呀），ye（耶），yao（要），you（忧），yan（烟），yin（因），yang（央），ying（英），yong（雍）。

（2）u 行的韵母，前面没有声母的时候，写成 wu（乌），wa（蛙），wo（窝），wai（歪），wei（威），wan（弯），wen（温），wang（汪），weng（翁）。

（3）ü 行的韵母，前面没有声母的时候，写成 yu（迂），yue（约），yuan（冤），yun（晕）；ü 上的两点要省略。

（4）ü 行的韵母跟声母 j、q、x 拼的时候，写成 ju（居），qu（区），xu（需），ü 上的两点也要省略；但是跟声母 n、l 拼的时候，仍然写成 nü（女），lü（吕）。

（5）iou，uei、uen 前面加声母的时候，写成 iu，ui，un，例如 niu（牛），gui（归），lun（论）。

（一）韵码练习

1. 背打练习 2－3－19：

意义 无误 寓于 恩恩 谔谔 嗯嗯 啊啊 喔喔 嗷嗷 暗暗
欧欧 隐隐 微微 呀呀 昂昂 艾艾 爷爷 哟哟 二二 温文
娃娃 歪歪 盈盈 跃跃 云云 摇摇 岩盐 嗡嗡 庸庸 悠悠
样样 往往 万万 远远

注：全部 34 个韵码同学们要能够熟练准确地背打出来，正序、倒序反复限时打，至少达到 5 分钟准确击打 20 遍以上。

2. 看打练习 2－3－20（400 词）：

阿姨 哀求 平安 昂扬 傲气 霸道 百年 斑马 棒球 保护
悲愤 本来 紧绷 笔墨 遍野 超标 告别 外宾 冰箱 波纹
步伐 擦破 采办 参照 沧桑 草率 厕所 参差 曾有 差生
出差 顺产 徜徉 潮湿 撤离 陈年 乘车 池塘 崇敬 踌躇
出生 踹开 传说 窗口 边陲 春梦 戳破 慈爱 葱绿 凑数
粗陋 篡改 摧残 存心 错过 大连 待办 担心 当口 到达
得罪 不得 登山 迪拜 嗲声 电路 掉头 爹娘 订正 丢弃
东面 斗殴 首都 短装 对方 蹲下 哆嗦 扼杀 额哟 感恩
嗯呢 而今 发现 范围 仿照 废水 芬兰 风筝 佛经 否定
仿佛 嘎纳 活该 干练 刚强 告别 哥特 给你 亘古 更好

公然 够用 古装 搜刮 乖巧 观看 光盘 贵重 滚烫 果然
嘻哈 海外 含水 行家 爱好 合身 黑色 很好 横线 红裙
候鸟 糊涂 化肥 怀抱 还击 仓皇 会见 浑然 活水 激光
家园 坚强 江山 骄傲 结晶 进尺 经费 窘迫 纠察 据说
捐款 抉择 均分 卡车 开挂 看来 健康 考验 苛求 恳切
坑人 恐龙 口舌 酷暑 夸奖 快乐 宽泛 框架 匮乏 昆明
阔绰 垃圾 来访 拦下 放浪 老师 乐土 分类 冷静 黎明
俩人 连接 分量 疗效 列举 临近 岭南 琉球 沙龙 简陋
露水 屡次 卵生 简略 轮番 落魄 麻醉 卖唱 野蛮 忙碌
毛巾 什么 美丽 门口 蒙蔽 迷途 面前 渺小 轻蔑 民办

明天 荒谬 漠然 谋杀 木头 出纳 忍耐 难题 囊括 吵闹

木讷　内向　水嫩　能人　拟定　年轮　娘俩　袅娜　涅盘　您好
宁静　扭摆　农业　蓄耨　发怒　女儿　温暖　虐待　诺言　我家
欧美　爬山　拍打　盘旋　旁人　刨除　分配　喷气　蓬松　皮毛
偏离　飘舞　撇嘴　拼搏　评价　迫切　解剖　瀑布　分歧　恰好
前往　强加　俏丽　盗窃　亲爱　青睐　穷人　囚徒　曲折　全部
确切　群殴　然而　礼让　绕弯　热情　仁爱　日历　熔化　肉馅
入口　软禁　瑞雪　温润　弱小　撒手　塞外　散装　丧葬　扫把
色泽　森严　僧侣　傻瓜　筛选　山涧　上述　介绍　发射　谁给
身体　声明　是非　收购　暑假　刷新　摔倒　螺栓　霜降　水润

顺心　说书　似乎　怂恿　搜捕　诉求　算术　碎片　损伤　教唆
塌陷　胎盘　天坛　流淌　波涛　特区　腾达　提醒　挺身　通用
投射　土壤　团员　腿脚　臀部　拖拉　坑洼　外来　蜿蜒　忘本
未来　慰问　老翁　我们　无用　西部　华夏　先生　相信　小说
碎屑　心愿　醒来　凶杀　嗅觉　虚构　眩晕　血液　熏染　压迫
沿用　飞扬　摇动　液态　依然　音乐　应用　优秀　愚蠢　原来
月亮　晕船　包扎　在建　暂时　赃款　浮躁　光泽　盗贼　怎么
增强　栅栏　摘除　站岗　张总　寻找　哲学　真假　政治　治理
中心　亚洲　主力　抓人　拽住　专心　装扮　坠落　准则　琢磨
姿色　总要　行走　足够　钻营　最好　尊严　作业　衰败　跌打

注：词语练习过程中可以不断变换击打顺序，横向、纵向、正序、倒序等。

（二）拓展练习

以下为汉语音节总表例字，请大家用速录机准确击打每个音节，并尝试组词击打。

汉语音节总表例字

（以《现代汉语词典（第七版）》为参考依据）

A：　啊　爱　按　昂　奥

B：　把　百　板　棒　报　被　本　泵　比　便　表　别　宾　并　波　不

C：　擦　才　残　藏　草　侧　卒　瓦（cei）岑　层　此　从　凑　粗　篡
翠　村　错

(ch)：　茶　柴　产　长　朝　车　陈　成　吃　虫　抽　出　欻（chua 形）
揣　船　床　吹　春　戳

D：　大　带　但　当　到　得　得（dei）扽（den 形）等　地　嗲　点　掉　爹
定　丢　动　都　度　段　对　吨　多

E：　额　欸（ei 形）恩　嗯　而

F：法 反 放 非 分 风 佛 否 副

G：嘎 该 干 钢 高 个 给 跟 更 共 够 故 挂 怪 管 光 归 滚 过

H：哈 还 含 行 好 和 黑 很 横 噷（hm 形） 哼（hng/heng） 红 后 户 华 坏 换 黄 会 混 或

J：及 家 间 将 较 节 进 经 迥 就 据 卷 决 军

K：卡 开 看 抗 靠 可 剋（kei 形） 肯 坑 孔 口 苦 跨 快 宽 矿 亏 困 扩

L：拉 来 蓝 浪 老 了 类 冷 里 俩 连 两 料 列 林 另 六 咯（lo） 龙 楼 路 率 乱 略 论 落

M：呣（m 形） 吗 买 满 忙 毛 么 每 们 蒙 米 面 苗 灭 民 名 谬 末 某 木

N：嗯（n 形） 那 乃 南 囊 脑 呢 内 嫩 能 嗯（ng 形/eng） 你 年 娘 鸟 镍 您 凝 牛 农 努 暖 虐 黁（nun 形） 诺

O：哦（0） 欧

P：怕 派 盘 旁 跑 配 喷 碰 批 片 票 撇 品 平 破 剖 铺

Q：其 恰 前 强 桥 且 亲 清 穷 求 去 全 却 群

R：然 嚷 绕 热 人 仍 呢 日 溶 肉 如 挼（rua 形） 软 瑞 润 若

S：撒 塞 三 桑 嫂 色 森 四 送 艘 素 酸 虽 孙 所

（sh）：杀 筛 山 上 少 社 谁（shei） 深 生 是 受 数 刷 率 拴 双 水 顺 说

T：他 太 谈 唐 套 特 忒（tei/te/tui） 腾 体 天 条 铁 听 同 头 图 团 推 屯 脱

W：挖 外 万 王 为 问 翁 我 五

X：系 下 先 向 小 写 新 性 胸 修 需 选 学 讯

Y：压 言 样 要 也 一 因 应 哟（yo 哟 EA） 用 有 与 圆 月 云

Z：杂 在 咱 脏 早 则 贼 怎 增 子 总 走 组 钻 最 尊 作

（zh）：渣 寨 占 张 找 者 这（zhei） 真 正 之 中 轴 住 抓 拽 转 装 追 准 捉

（三）本节测试内容与评价标准

1. 请大家打开亚伟练习系统，选择“键位练习”中的“准确率练习”，找到亚伟资料文件夹中的键位练习文件(“C:\YWWin\ 键位及音节码 \ 韵码总复习”) 中相对应的文件，进行练习和测试。要求准确率 100%，速度不低于 50 字/分。

2. 练习 2－3－16、2－3－17 中的词语，要求一次击键上屏，准确率 100%，速度不低于 60 字/分。

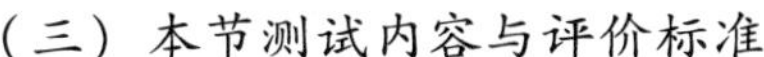

经验分享

韵码阶段的学习中，很多同学感觉到比声码难度加大，因此本阶段同学们遇到的困难也比较多，在这里将我们多年的教学经验，与大家分享，供同学们参考。

1. 如何评价词语打得好不好呢?

答：有两个衡量指标，一是准确率，二是速度。速录学习的任何阶段，准确率都是第一位的，在保证准确率的前提下，速度才有意义。因此，衡量词语学得怎么样，可以综合这两个指标进行判断。

2. 下键不准怎么办?

答：很多同学说自己下键不准，不能简单地把所有“打错”都归因成“下键不准”，要明确是什么情况导致的错误。比如是否看打可以打对，听打就容易错？是否慢打可以打对，快打就会打错？是否无论速度快慢，按键都不准？是否涉及某些特定的键位时就容易打错？要具体情况具体分析。如果是键位掌握不熟练，那么应增加练习系统中键位练习的练习量；如果是看打、听打水平不均衡，那应该平衡两者的练习比例；如果是特定键位容易出错，那应该针对容易出错的键位进行针对性练习；如果是速度一快就容易打错，那说明此刻手速还不够，应增加练习量，或者将速度降低慢慢适应之后再提速。总之，遇到问题要深入地分析，不能笼统归因。

3. 一起学习的同学之间有明显的水平差距，心理上出现焦虑情绪怎么办?

答：速录学习具体到每个人，接受程度因人而异，这里面有先天的原因，比如手指灵活度、记忆力、大脑反应力，但更多的是后天的努力程度决定的。基本上速录学习好的同学，都是练习相对比较刻苦的学生。而且速录的学习是一个长时间的练习过程，有些同学在基础阶段看似接受得慢，但到了提速阶段却上升很快；有些同学在基础阶段打得好，但是到了提速阶段却遇到了瓶颈，这都是正常的。基础阶段中的词汇阶段不用过高追求速度，准确率更重要。

4. 本阶段的训练要注意哪些问题?

答：（1）要加大练习量，课本上的词语要多遍重复击打，直到达到要求标准。

（2）要“多练少测”，不要过分关注自己的“成绩”，而是要集中注意力，练习时候切忌心浮气躁，关注自己，不与他人比较。练习进行一段时间以后，再通过测试的方式检验自己，认真记录每一次成绩，争取每一次测试都能看到进步，对自己形成良性的暗示。

（3）要变换不同的练习方式，听打、看打、键位练习、限时看打、限速看打，正序打、乱序打，等等，真正实现对词语的熟练掌握。

（4）练习中一定要有反思，分析自己的问题和原因，勤于记录，并善于为自己设定计划和目标，不能盲目练习。

第三单元

特殊编码

 知识目标

通过学习，使学生了解亚伟速录中的各种功能码及快捷方式并能熟练运用。

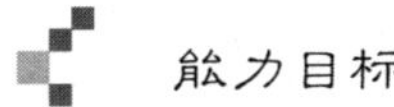

培养学生熟练地进行各种操作，从而完善技能以提高录入速度。

在亚伟速录机上，有一些键位是没有设定汉字音节码的，而通过击打这些键位，可以进行各类符号、字母的录入以及各种文字编辑的操作，如光标的移动、键位的查询、同音字词的替换等。此外，还有一些词语录入快捷方式。本单元将以八个项目对此知识点予以阐述。

项目一 标志功能码

一、功能码“W”和“X”的使用方法

在亚伟速录机键位上，“X”键和“W”键上没有设定汉字音节码，我们可以借助这两个键位实现删除或空格等功能。

1. 双手同时击打“W”键，可以删除提示行中最后录入的一组词或字。

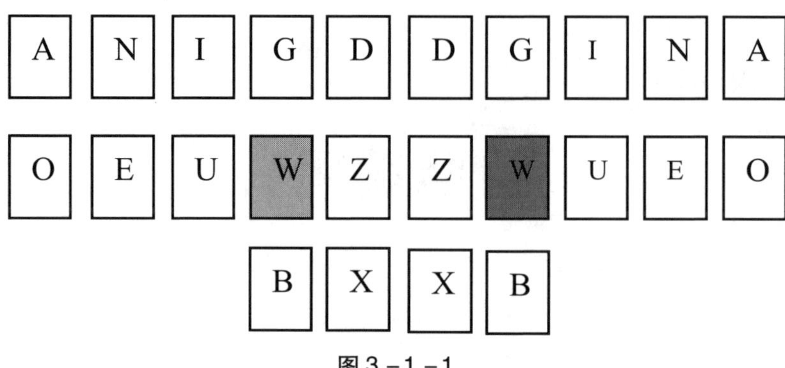

图 3－1－1

2. 若单独使用右手击打“W”键，则删除提示行中的最后一个字。例如：录入“广州”，当单独使用右手击打“W”键时，则删去“州”，剩余“广”字。

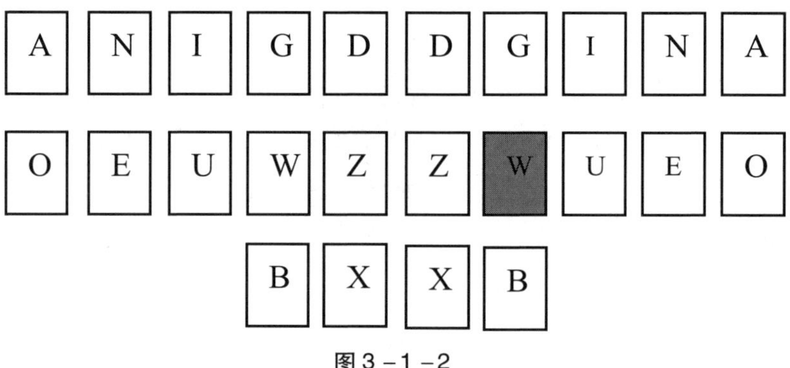

图 3－1－2

3. 若单独使用左手击打“W”键，则删除提示行中最后一组词语中的第一个字（略码有例外）。例如：录入“广州”，当单独左手击打“W”键时，则删去“广”字，剩余“州”字。

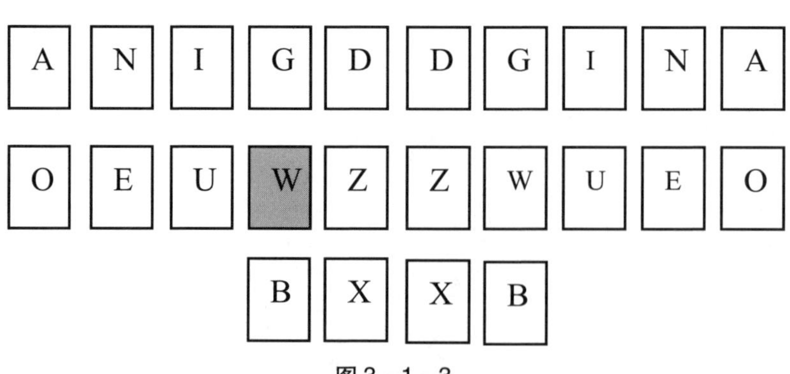

图 3－1－3

4. 若单独使用右手击打“X”键，则增加一个空格位。

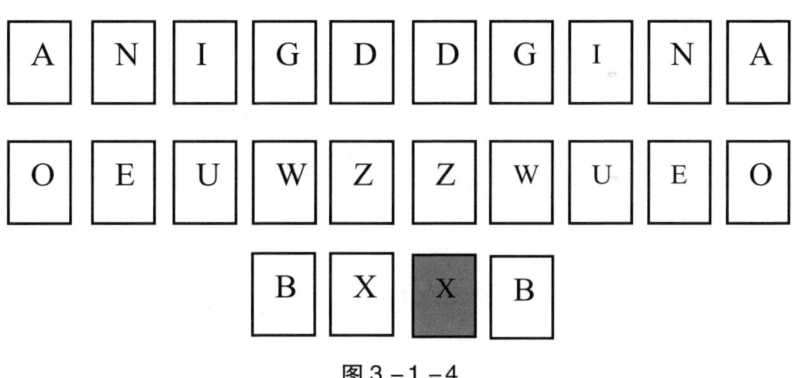

图3－1－4

5. 若左手击打“X”键同时右手击打“W”键，则提示行中的文字即可强行送上屏幕而无需在提示行等待。

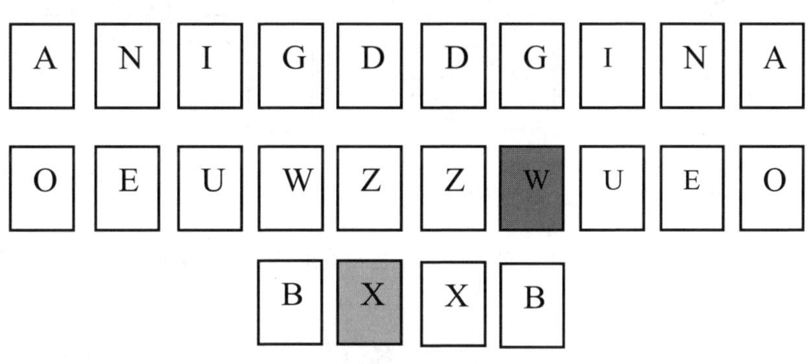

图3－1－5

经验分享

通常在快速录入过程中，不建议大家频繁地使用“W”键删除，这会形成一种不好的录入习惯，既影响录入速度又影响录入时的连贯性思维。但有的时候，为了准确获得一个所需要的单字时，我们会先录入一个词语（即连词），然后删除词语中的一个字（即消字）而准确获得一个所需的单音字（定字），这种方法我们称之为“连词消字定字”。例如，当录入“第二届全运动会暨师生友谊赛”这句话时，有些同学会认为，通过选字来录入这个“暨”字即可。可是如果这样，则需要翻转提示行高达5次之多，大大影响了录入速度。而采用“连词消字定字”法，则只需组词“暨恩（3）”即可完成。

还有一种方法我们称之为“三音连词消字”，即为了正确录入一组词语，可以通过录入一个三音词，删除其中一个字来实现。例如，“赋予”这个词，通常录入时需要选词（3），而通过三音连词消字，只需录入“赋予了”，删除“了”字，即可完成。这样的词组请大家注意积累和记忆。

还有一些词语，录入时非常特殊，如：“雾霾天气”，如果录入“雾霾”这一词语后马上录入“天气”，则屏幕显示为“五买天气”，形成错误。所以，应当在录入“雾霾”之后，使用“X：W”让这组词先强制上屏，然后再录入“天气”即可。

二、功能码“XAN”的使用方法

1. 当左手击打功能码“XAN”，右手同时击打不同的键位则功能不同。

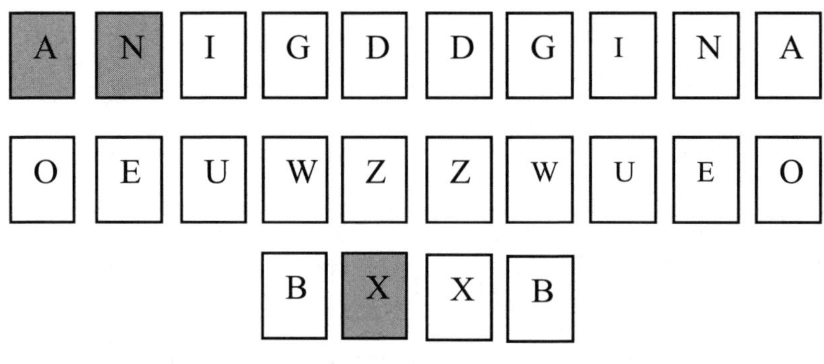

图 3－1－6

2. 右手同时击打“D”键时，此时删除正文光标后的文字而非提示行的字。

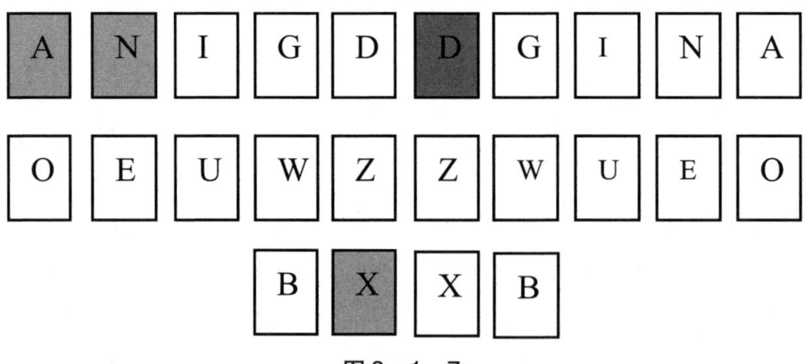

图 3－1－7

3. 右手同时击打“B”键时，此时删除正文光标前的文字而非提示行的字。

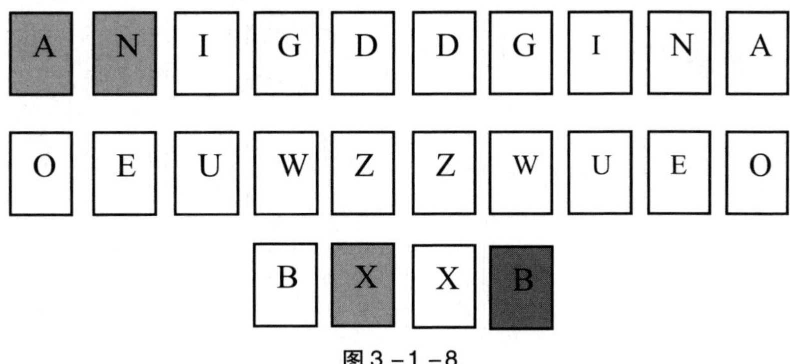

图 3－1－8

4. 右手同时击打“Z”键，可进行键位查询。

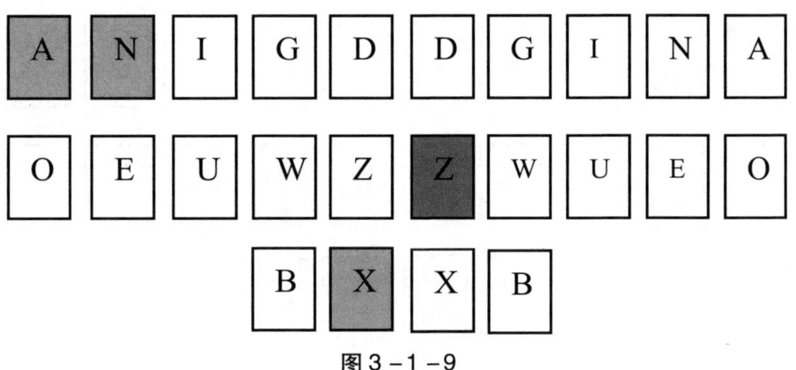

图 3－1－9

执行此功能时，屏幕显示该汉字的音节码以方便识记，如图 3－1－10。

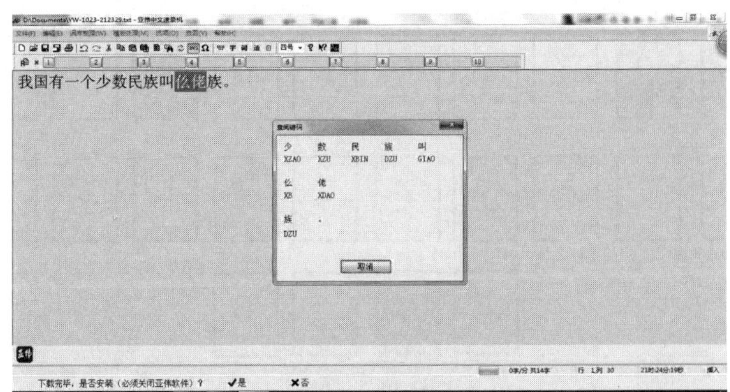

图 3－1－10

5. 右手同时击打“G”键，可进行换行及确认功能。

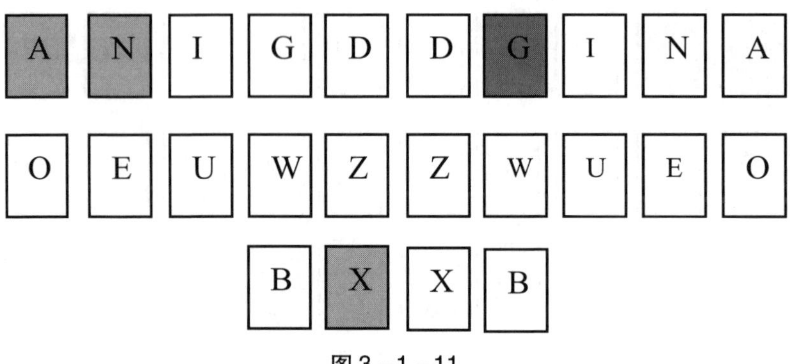

图 3－1－11

6. 右手同时击打“W”键，则光标向左移动。

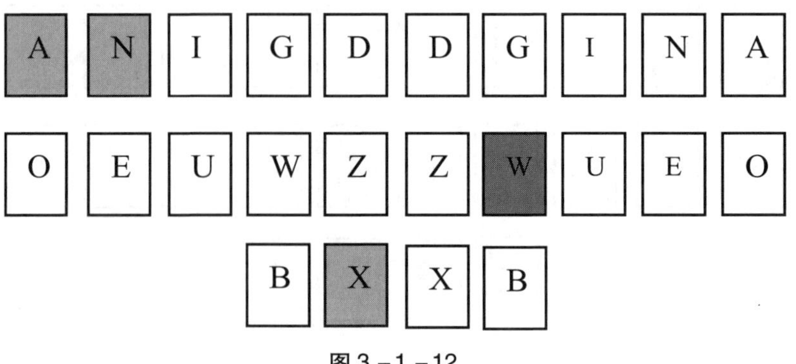

图 3－1－12

7. 右手同时击打“I”键，则光标向上移动。

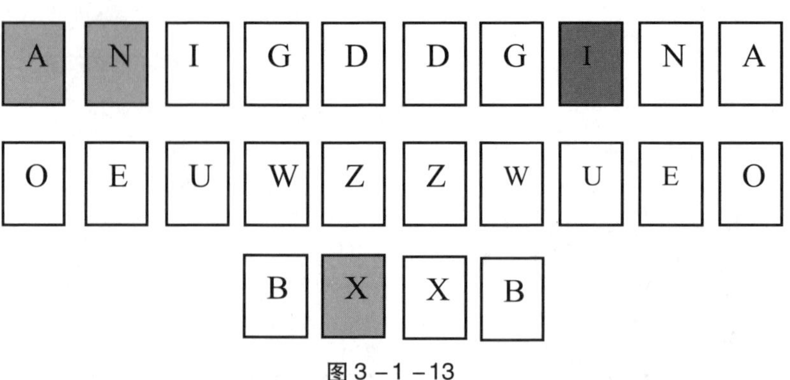

图 3－1－13

12. 右手同时击打“O”键，实现关闭窗口的功能。

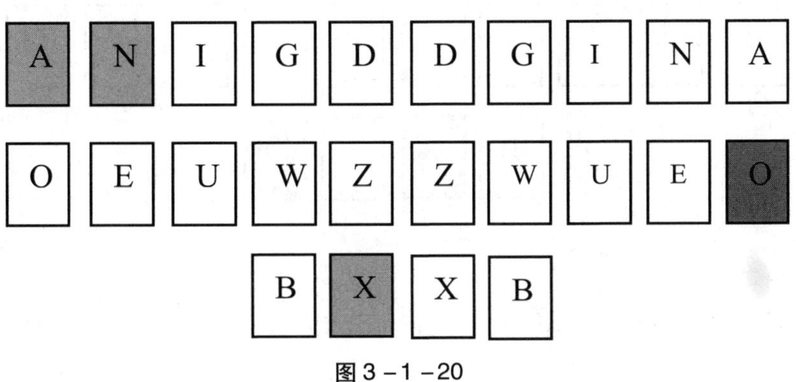

图 3 –1 –20

三、功能码“XNE”的使用方法

1. 当左手击打功能码“XNE”，右手同时击打“D、Z、G、W、I、U、N、E、A、O”键中的一个，可以分别选择提示行中标识为 1 ~ 10 的 1 个对应词语，如图 3 –1 –21。

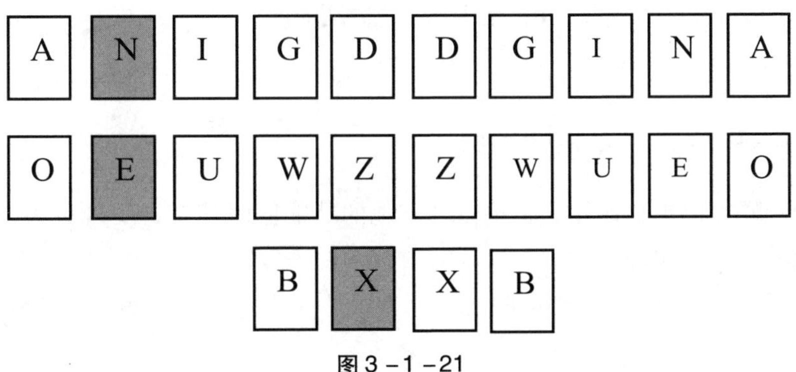

图 3 –1 –21

例如，录入词语“实施”时，正确击打其键位码后，需要选词（2），此时左手击打“XNE”，同时右手击打“Z”键即可；若需要录入词语“逝世”，需要选词（6），则此时右手同时击打“U”键即可。

2. 左手击打功能码“XNE”，右手同时击打“B”键时，可向后翻转提示行，如图 3 –1 –22。

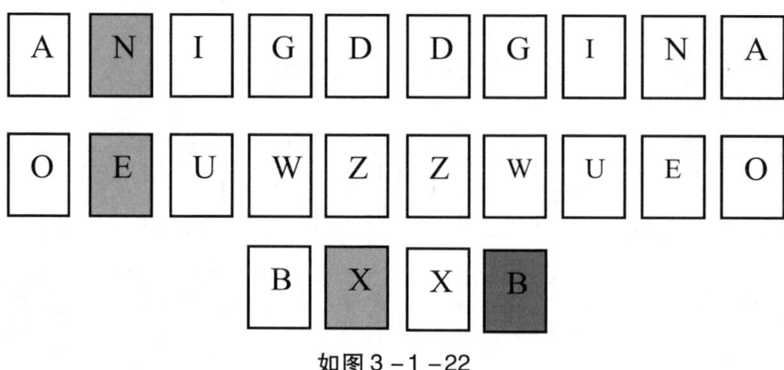

如图 3－1－22

3. 当左手击打功能码“XNE”，右手同时击打“X”键时，则可向前翻转提示行，如图 3－1－23。

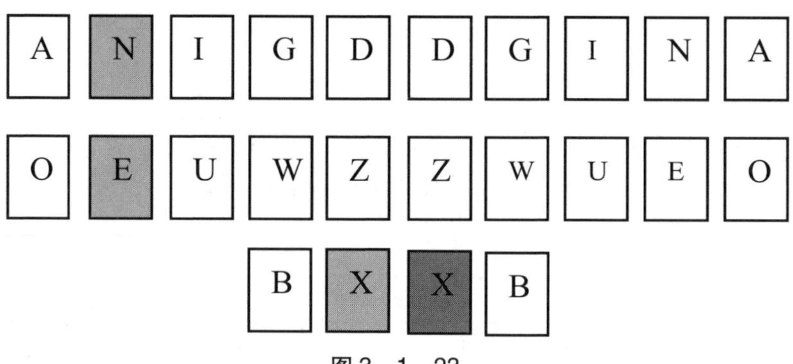

图 3－1－23

四、功能码“XBW”的使用方法

这个功能码可以单独使用，也可以和其他的功能同时使用，实现更为复杂的运用。这里介绍两种单独使用的功能。

1. 当左手击打“XBW”时，则光标移动至下一行且顶格，如图 3－1－24。

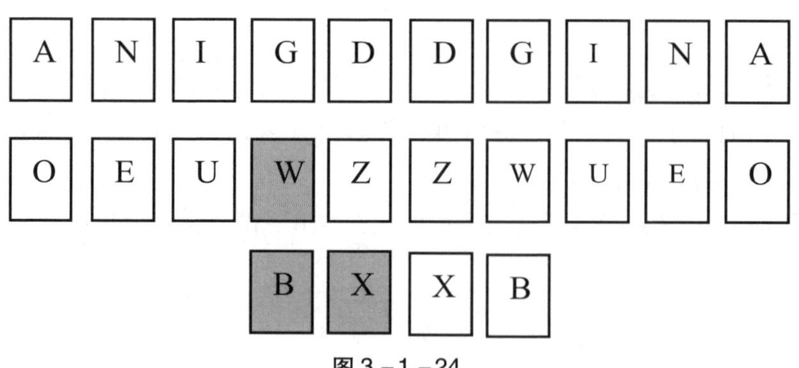

图 3－1－24

2. 右手击打“XBW”时，光标移至下一行且顶头空两格，如图 3－1－25。

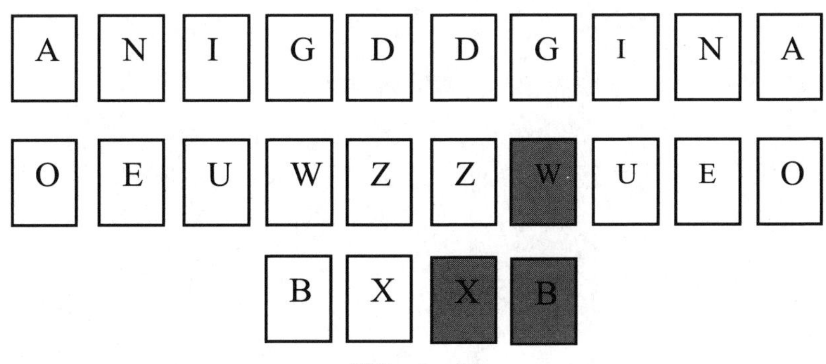

图 3－1－25

五、功能码“XWU”的使用方法

“XWU”是比较常用的一个功能码，配合右手不同的操作，可实现的功能是多样的。在这里详细介绍以下几种：

（一）造词

“造词”功能通常是用来将词库中没有的一些“新词”添加到个人词库中，方便下次录入时“新词”可以直接捆绑出现。比如，“剩女”这个词在我们现在的生活中经常被人提及，可是亚伟软件的原始词库中是没有的，直击“XZNE：XBDIU”，屏幕显示的是“甥女”。如果不对其进行造词的话，每次用到“剩女”这个词都需要我们进行选字或者联词消字。我们可以通过造词功能，对字数在 1～7 个字范围内的词语进行捆绑造词，其实质是完成了一个多音捆绑。在日常记录中，一般会对人名、地名或一些专用名词进行造词。其步骤有三：

1. 正确上屏，如图 3－1－26。

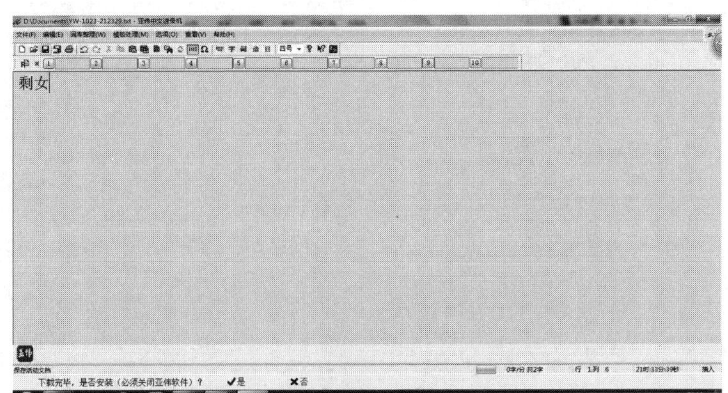

图 3－1－26

2. 拉黑选中“XWU：B/E”，如图3－1－27。

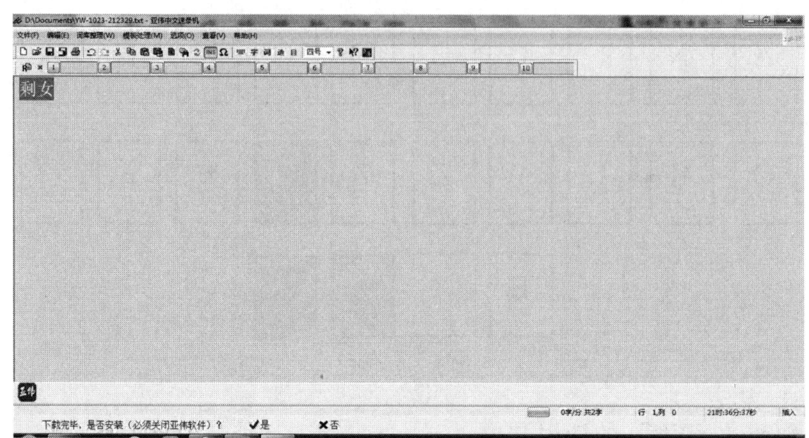

图3－1－27

3. 确定“XWU：XBW”。

（二）自定义

自定义可以对一些特殊符号或者较长的且反复出现的内容进行自定义编码。在亚伟速录过程中，可以对任何一个长度在1～30个汉字或1～60个半角字符之间的字符串制定成专用的组合键码，以“广东省广州市天河区”为例，在未自定义之前，击打这一串字符需要先后击打这九个字的音节码，通过自定义操作，则只需要击打专用组合键码即可。其方法：

1. 正确上屏，如图3－1－28。

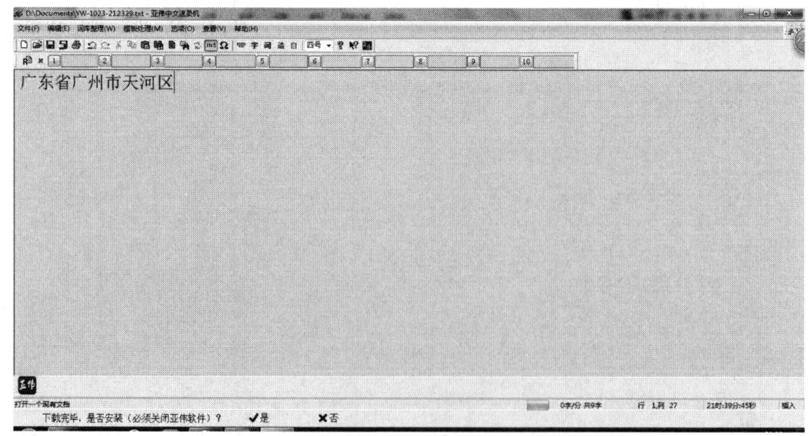

图3－1－28

2. 涂黑选中“XWU：B/E”，如图 3－1－29。

图 3－1－29

3. 复制“XWU：BZ”。

4. 打开自定义对话框“XWU：D”，如图 3－1－30。

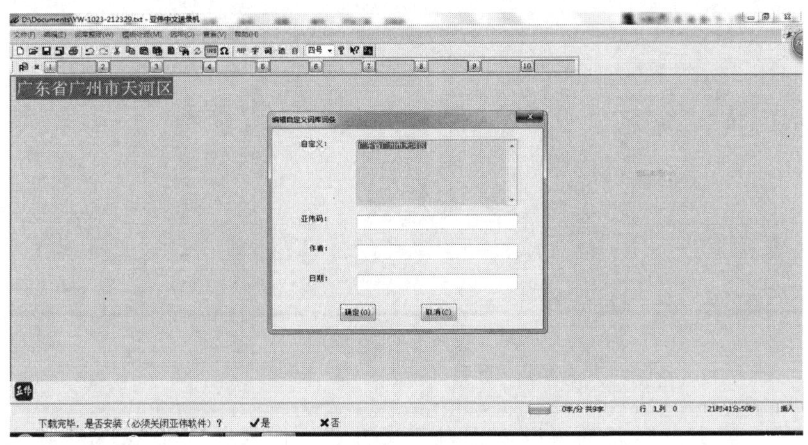

图 3－1－30

5. 编制自定义专用键码。编制自定义专用键码时，左边一般设为第一个字的编码（便于联想），右手一般设为“XBW”（避免与其他键位发生重复）。此处我们设置的自定义编码左手为“广”，右手为“XBW”，如图 3－1－31。

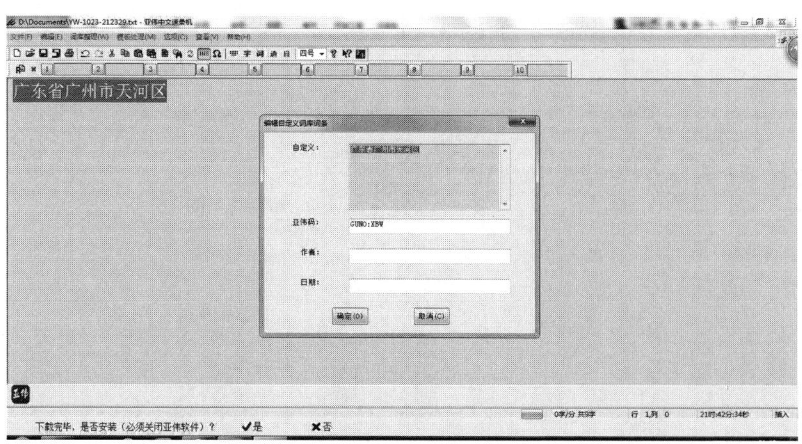

图 3－1－31

6. 确定“XWU：XBW”。此时击打“GUNO：XBW”，则屏显“广东省广州市天河区”，如图 3－1－32。

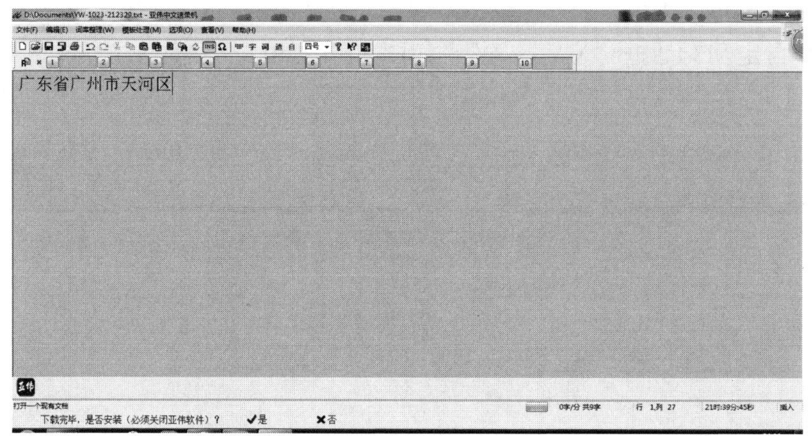

图 3－1－32

对于数字、英文、标点都可以使用自定义方式。比如，对于标点符号“·”，我们用速录机不能直接打出来，但是如果实际录入工作中经常会用到的话，就可以对其进行自定义编码，我们将“·”的自定义编码设置为（过山），用速录机击打“GO：XZAN”，就可以直接将“·”打出来。

（三）连词消字查询

当左手击打功能码“XWU”，右手同时击打“差”键位（如图 3－1－33 和图 3－1－34）。

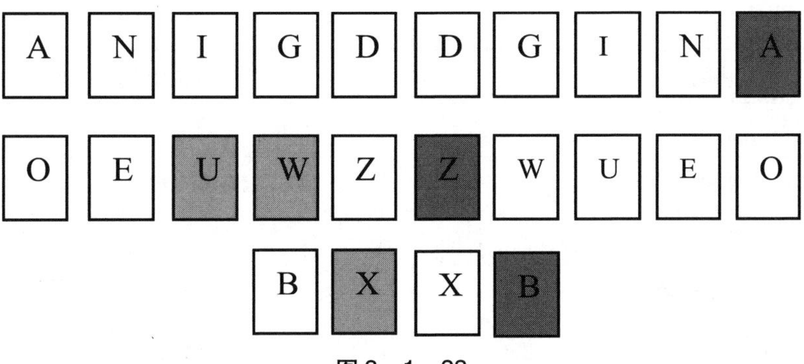

图 3－1－33

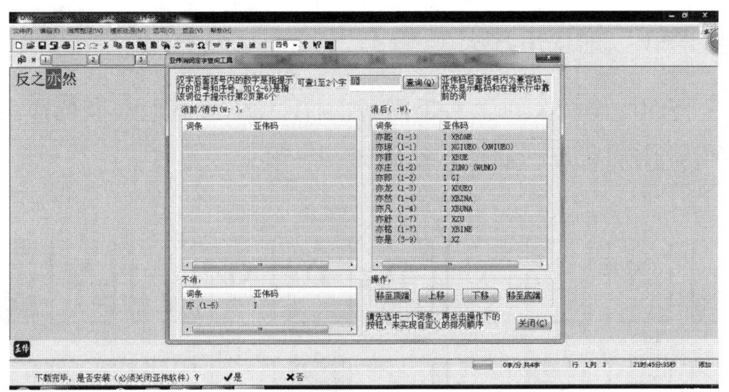

图 3－1－34

（四）其他的一些功能（表 3－1－1）

表 3－1－1

功能	亚伟编码
新建文件	XWU：N
打开文件	XWU：O
保存文件	XWU：是
剪切	XWU：系
复制	XWU：吃
粘贴	XWU：为
从外部粘贴	XWU：其
反撤销	XWU：压

续表

功能	亚伟编码
撤销	XWU：之
涂黑选中	XWU：I/U/W/E
查找/替换	XWU：复
光标移动至篇首	XWU：IAN
光标移动至于篇末	XWU：UEO

六、功能码“XU”的使用方法

1. 当左手击打功能码“XU”，右手同时击打“差”，可以在亚伟速录（版本6）内对编辑区进行插入/添加状态的切换，如图3－1－35。

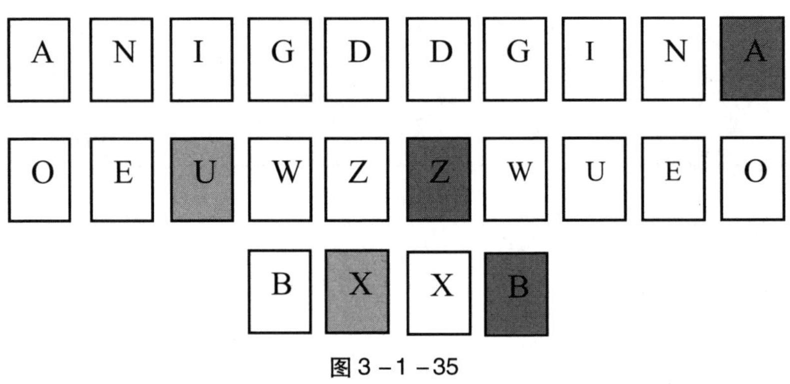

图3－1－35

2. 当左手击打功能码“XU”，右手同时击打“首”时，可将光标移至行首，如图3－1－36。

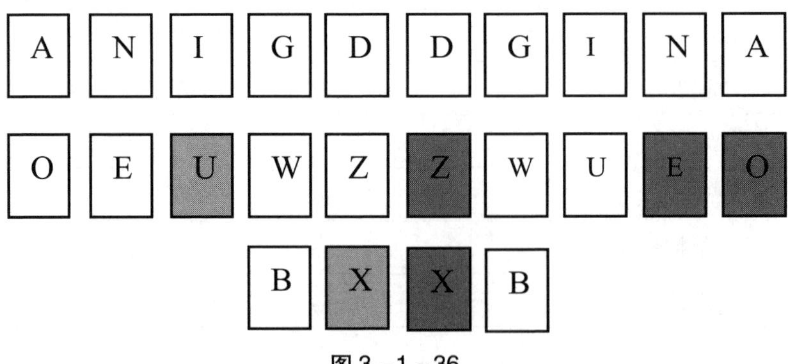

图3－1－36

3. 当左手击打功能码“XU”，右手同时击打“末”时，可将光标移至行末，如图3－1－37。

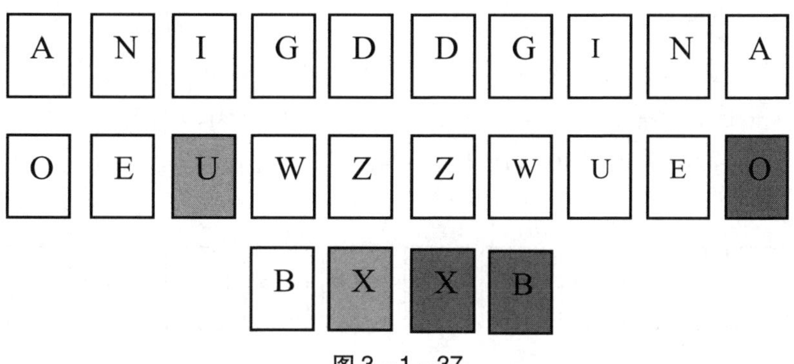

图3－1－37

4. 当左手击打功能码“XU”，右手同时击打“言”时，可将光标移至上一页，如图3－1－38。

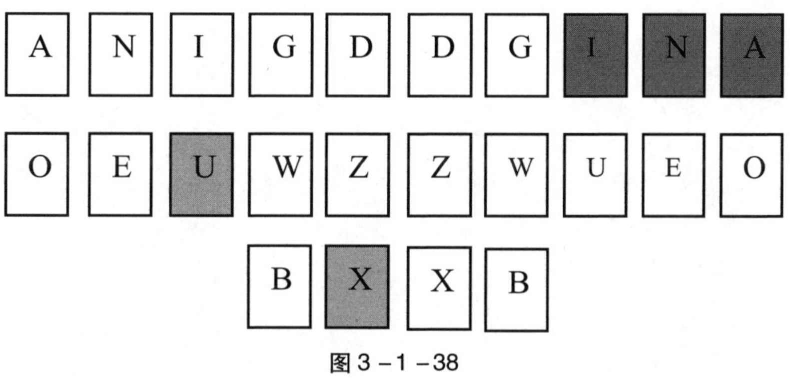

图3－1－38

5. 当左手击打功能码“XU”，右手同时击打“翁”时，可将光标移至下一页，如图3－1－39。

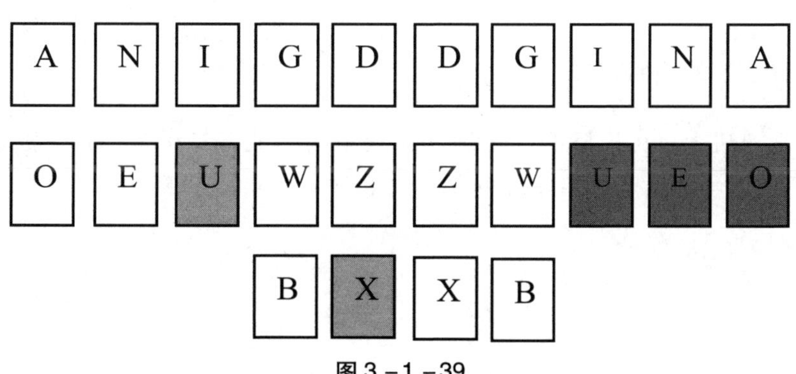

图3－1－39

其他一些涉及“XU”的功能，详见“标点符号”项目。

七、拼音功能码“WUEO”的使用方法

击打功能码“WUEO”时，屏幕上可显示汉语拼音。例如：白云山。左手击打“白”音节码后，加击一次“WUEO”，则屏幕上出现“bai”；击打“云”音节码，加击“WUEO”一次，屏幕出现“yun”；击打“山”音节码，加击“WUEO”一次，屏幕出现“shan”，如图3－1－40和图3－1－41。

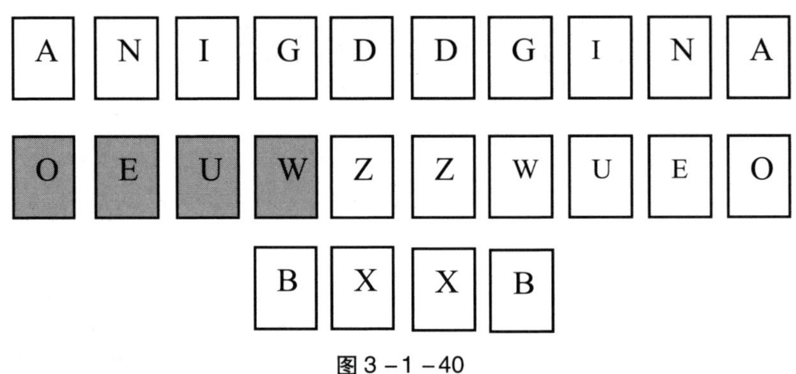

图3－1－40

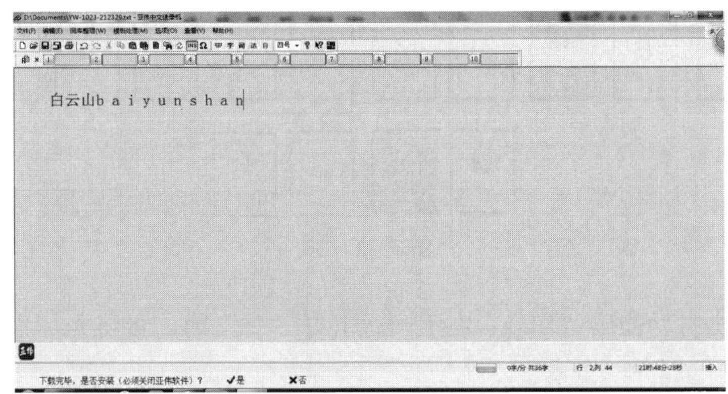

图3－1－41

八、亚伟狂拼的使用方法

在亚伟速录机上，可以随心所欲地、连续不间断地击打拼音，其方法是：左手击打“ZWUE”，即可切换至亚伟狂拼模式，如图3－1－42。

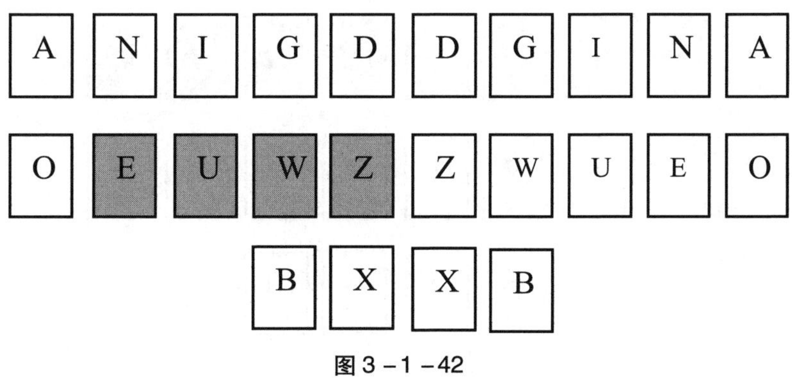

图 3 - 1 - 42

此时，屏幕右下角亚伟速录（版本 6）图标显示，如图 3 - 1 - 43。

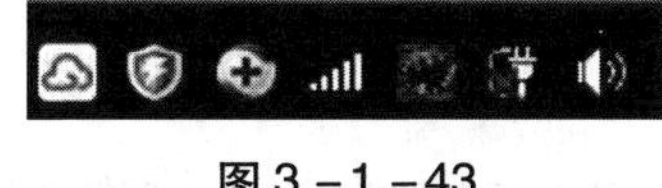

图 3 - 1 - 43

右手击打“ZWUE”，即可结束亚伟狂拼模式，如图 3 - 1 - 44。

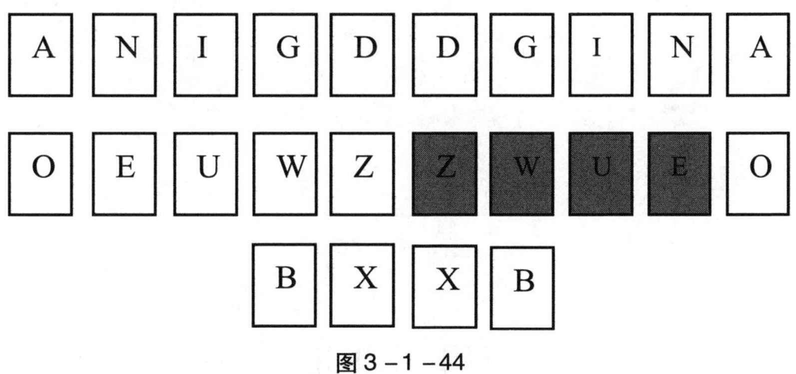

图 3 - 1 - 44

九、外挂的打开方法

在 Windows 操作系统中需要录入汉字时，可使用亚伟速录进行中文录入，只需要打开亚伟中文速录的外挂即可。其方法是：将亚伟中文速录速录系统最小化后，双手同时击打“DGIN”键，如图 3 - 1 - 45。

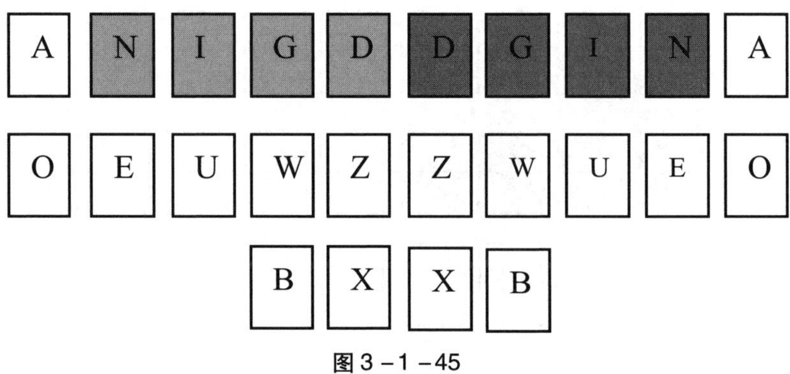

图 3－1－45

此时，屏幕上会出现一个灰色的文字输入条，即可在 Windows 系统中进行文字录入，如图 3－1－46。

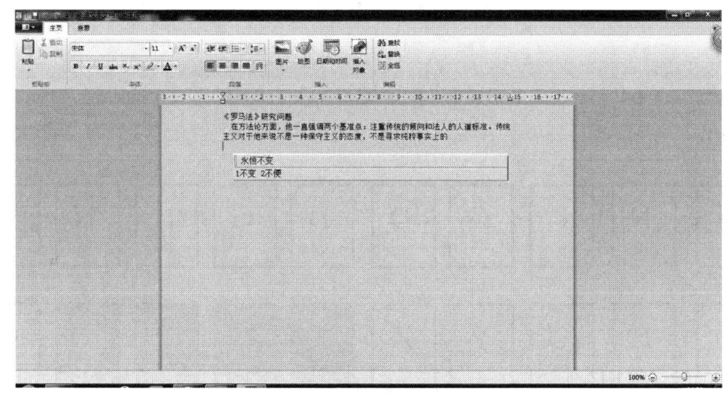

图 3－1－46

项目二　略码

略码是指并非全拼式编码，而是以击打省略标志功能码来略去其中部分音节码的编码。哪些词语为略码，这是词库中已经设定好的，需要熟记。略码分为双音略码、三音略码、四音略码、多音略码四种。

一、双音略码

双音略码是由两个字组成的词语。其具体操作为：左手击打该词语第一个字的音节码，右手同时击打“X”键或“W”键。即：

第一个字：X 或 第一个字：W

例如：得到“D：X”，如图3－2－1；德国“D：W”，如图3－2－2。

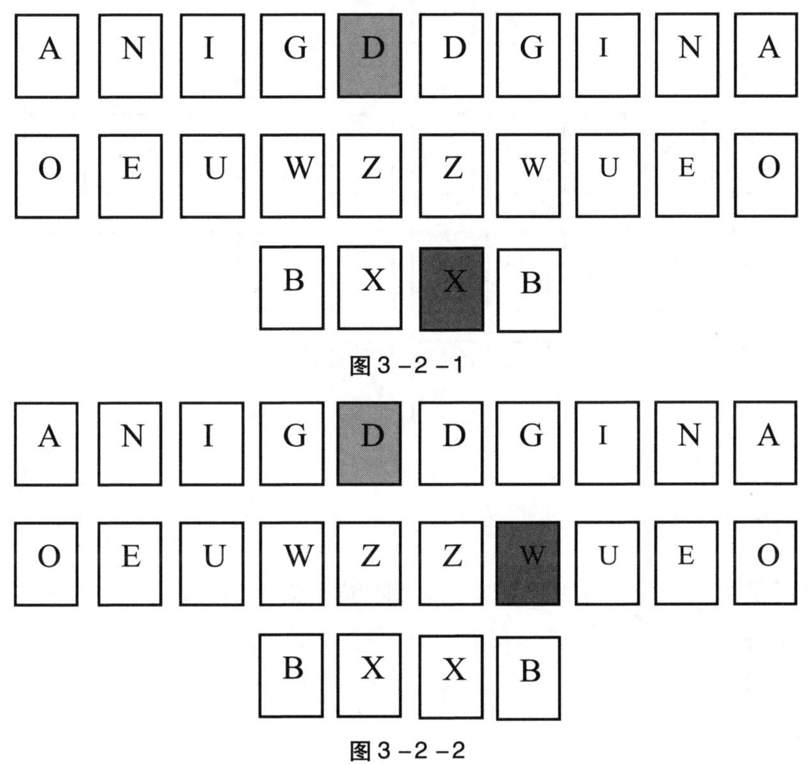

图3－2－1

图3－2－2

二、三音略码

三音略码是由三个字组成的词语。其具体操作为：第一次：击打第一个字的音节码；第二次：双手同时击打“X”键。即：

第一个字 X：X

例如：“不能不”，第一次击打“B”，如图3－2－3；第二次击打“X：X”，如图3－2－4。

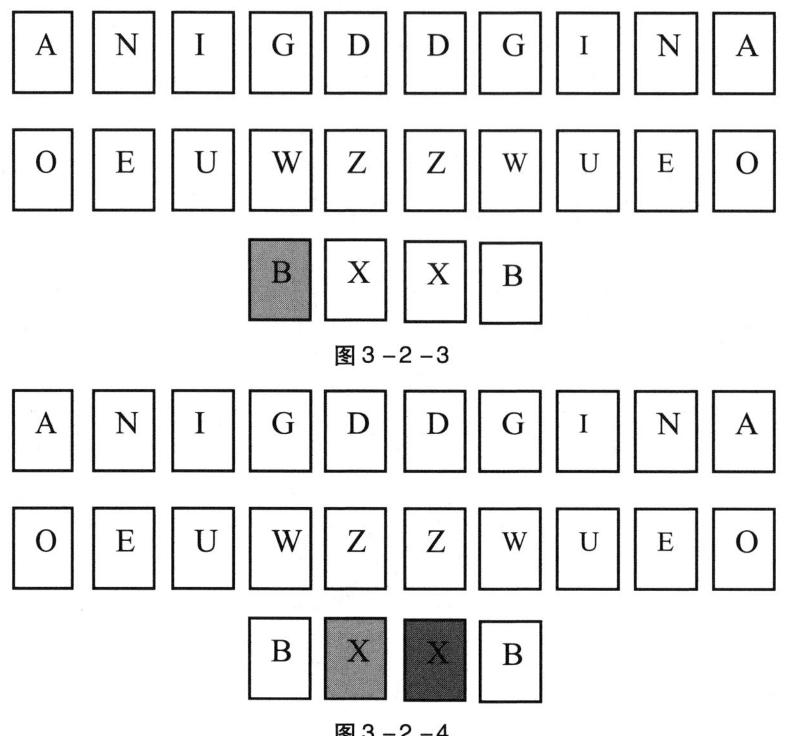

图3-2-3

图3-2-4

三、四音略码

四音略码是由四个字组成的词语。其具体操作为：第一次：击打第一个字的音节码和第四个字的音节码；第二次：双手同时击打“X”键。即：

第一个字：第四个字 X：X

例如：“知识分子”，第一次击打“Z：DZ”，如图3-2-5；第二次击打“X：X”，如图3-2-6。

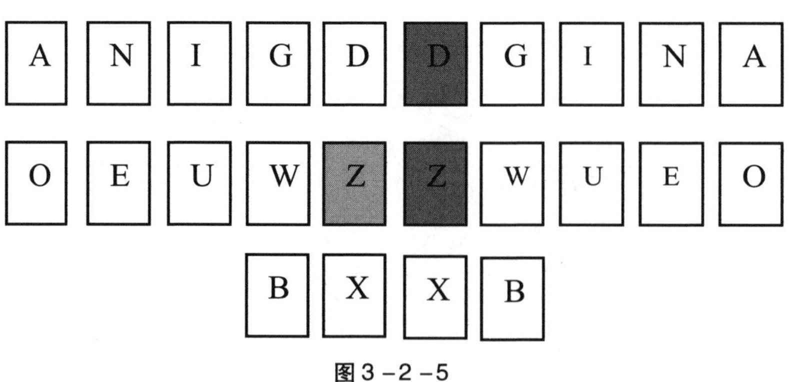

图3-2-5

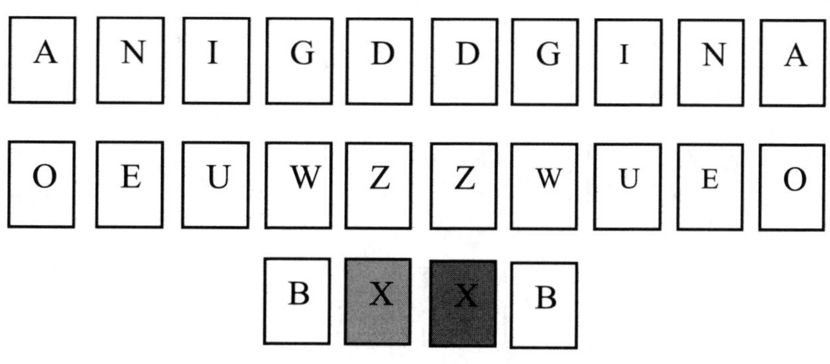

图3－2－6

四、多音略码

多音略码是由四个以上的字组成的词语。其具体操作为：第一次：击打第一个字的音节码和第二个字的音节码；第二次：左手击打最后一个字的音节码，右手同时击打标志功能码“XO”键。即：

第一个字：第二个字 最后一个字：XO

如：“民主法制建设”，第一次击打“XBIN：ZU”，如图3－2－7；第二次击打“ZXE：XO”，如图3－2－8。

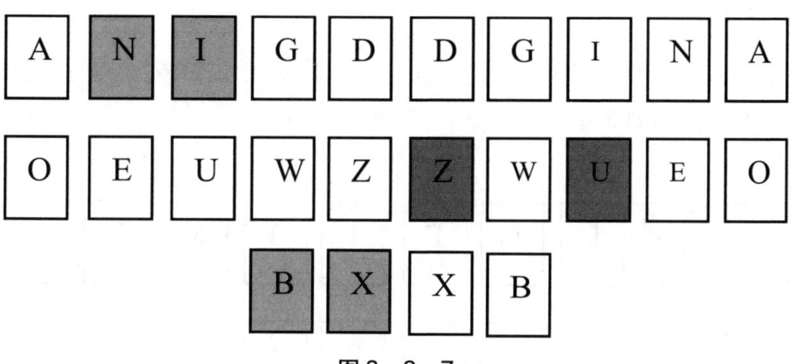

图3－2－7

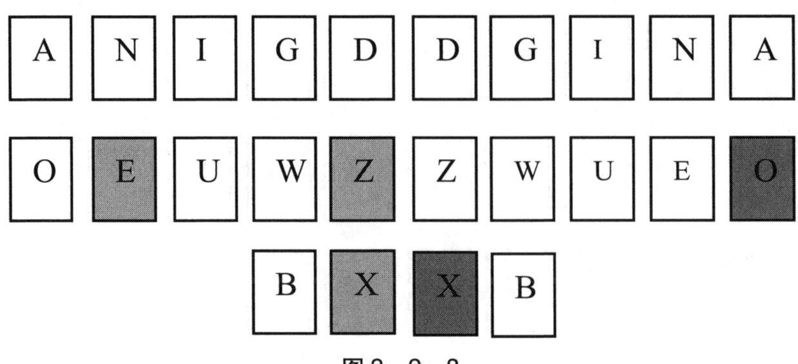

图 3-2-8

经验分享

有的同学在录入时，由于记不住略码，常常不喜欢用略码。这就会增加录入的难度，降低录入速度和正确率。略码具有提升录入速度和录入准确率的功能，但它的使用并不是一朝一夕就可以全部掌握的，需要多花一些时间去记忆，才能使之成为有利“武器”。在所有略码中，双音略码是最好用、最好认的略码，应当全部熟练掌握。而四音略码和多音略码由于数量繁杂，无法做到全部记忆。一般情况下，习惯性说法、成语、歇后语等，很有可能是四音略码或多音略码，在练习时，需要多多积累，形成惯性思维以利于快速识别。

项目三　阿拉伯数字及符号

一、阿拉伯数字

在亚伟速录机的标准键盘上，当左手击打标志功能码“XN”键时，右侧键盘则会转换为阿拉伯数字，如图 3-3-1。

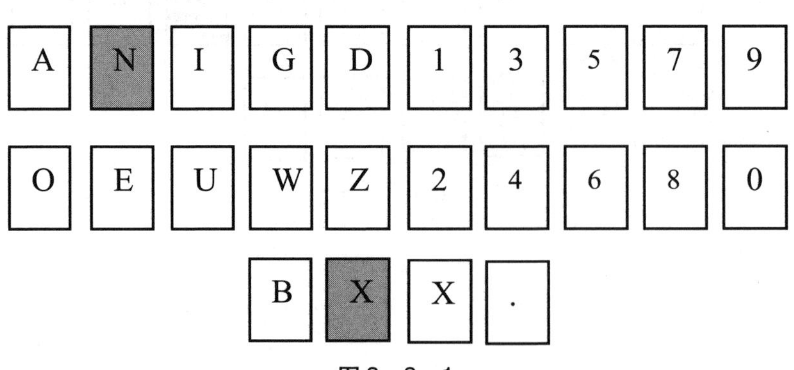

图 3-3-1

二、部分数学符号

当右手击打标志功能码“XN”键时，左边键位会转换成部分数学符号，如图3－3－2。

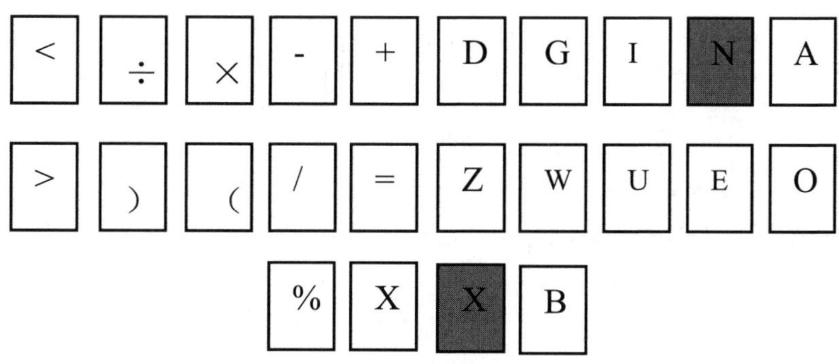

图3－3－2

三、其他部分符号

此外，一些常用标点符号，在亚伟速录机上大部分是成组出现，即相同的操作，单独击打左边键位和单独击打右边键位分别呈现出不同的标点符号。

1. 逗号（，）和句号（。）：左“逗”右“句”：

（1）“DGI：”，如图3－3－3；

（2）“：DGI”，如图3－3－4。

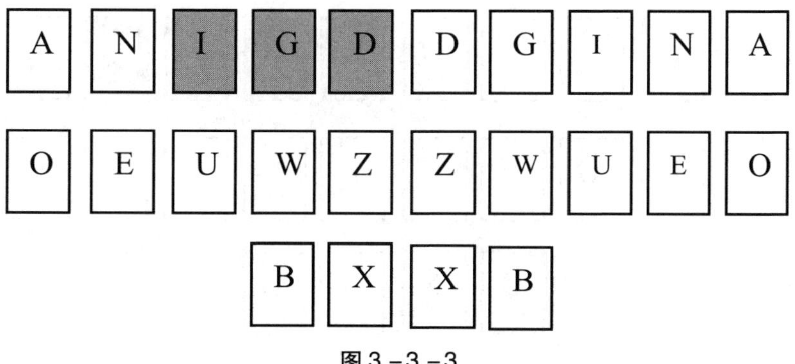

图3－3－3

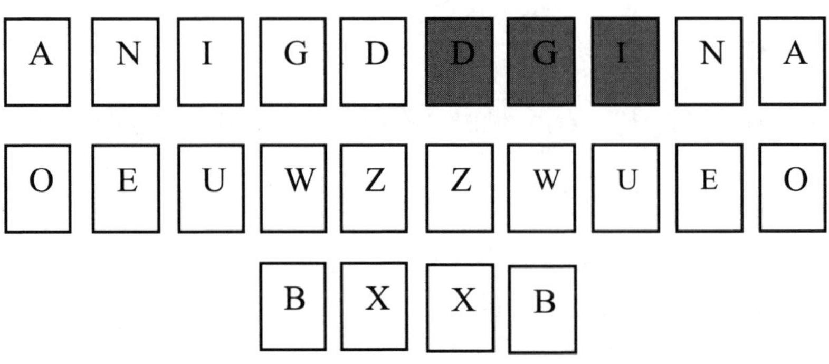

图3－3－4

2. 分号（;）和感叹号（!）：左“分”右“叹”：

（1）“DGIN:”，如图3－3－5；

（2）“：DGIN”，如图3－3－6。

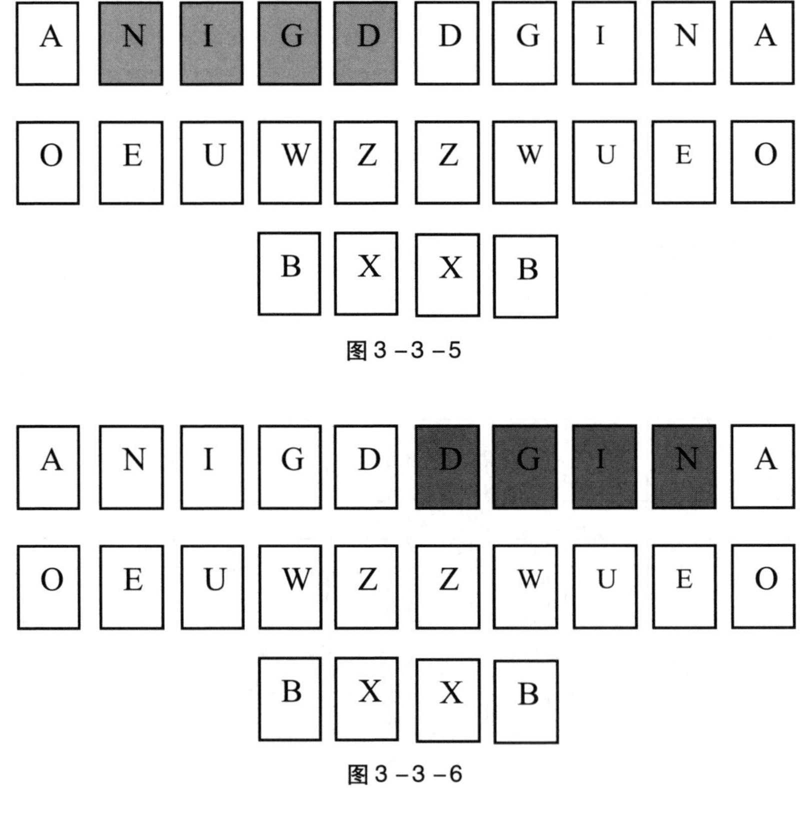

图3－3－5

图3－3－6

3. 问号（?）和顿号（、）：左“问”右“顿”：

（1）“ZG:”，如图3－3－7；

（2）“：ZG”，如图3－3－8。

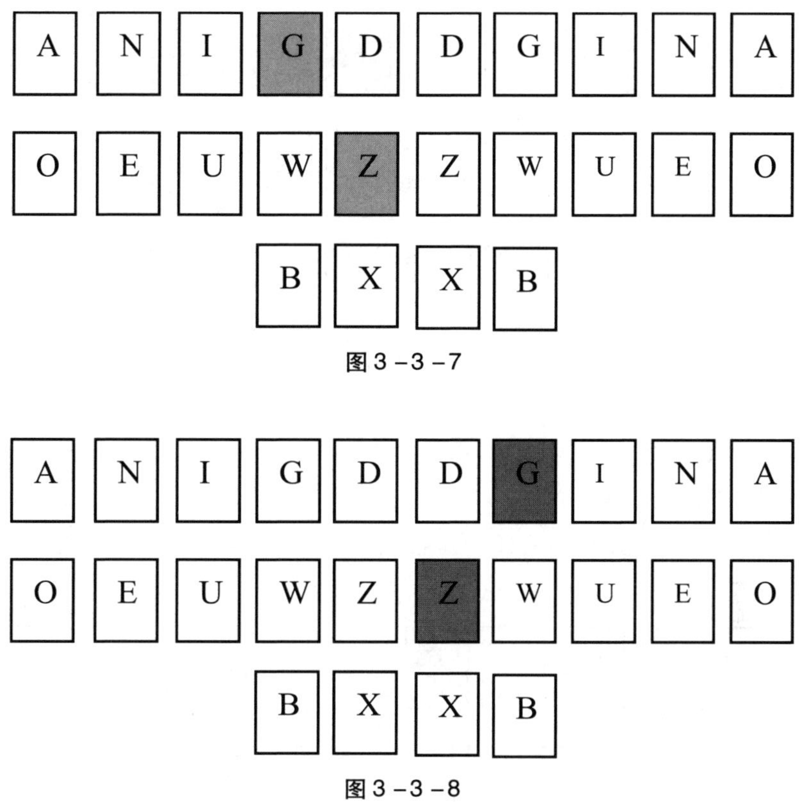

图3－3－7

图3－3－8

4. 省略号（……）和破折号（——）：左“略”右“折”：

（1）“DGIU:”，如图3－3－9；

（2）“：DGIU”，如图3－3－10。

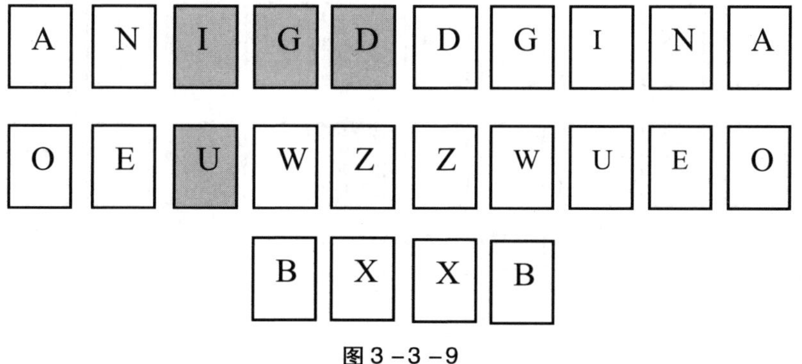

图3－3－9

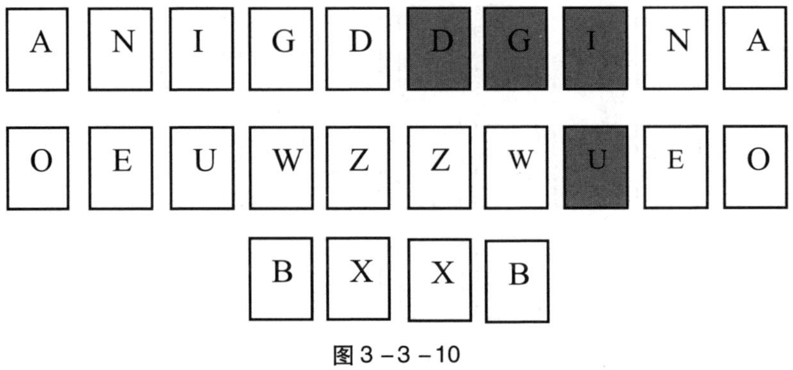

图 3－3－10

5. 书名号（《》）：左“前”右“后”：

（1）“DZIU：”，如图 3－3－11；

（2）“：DZIU”，如图 3－3－12。

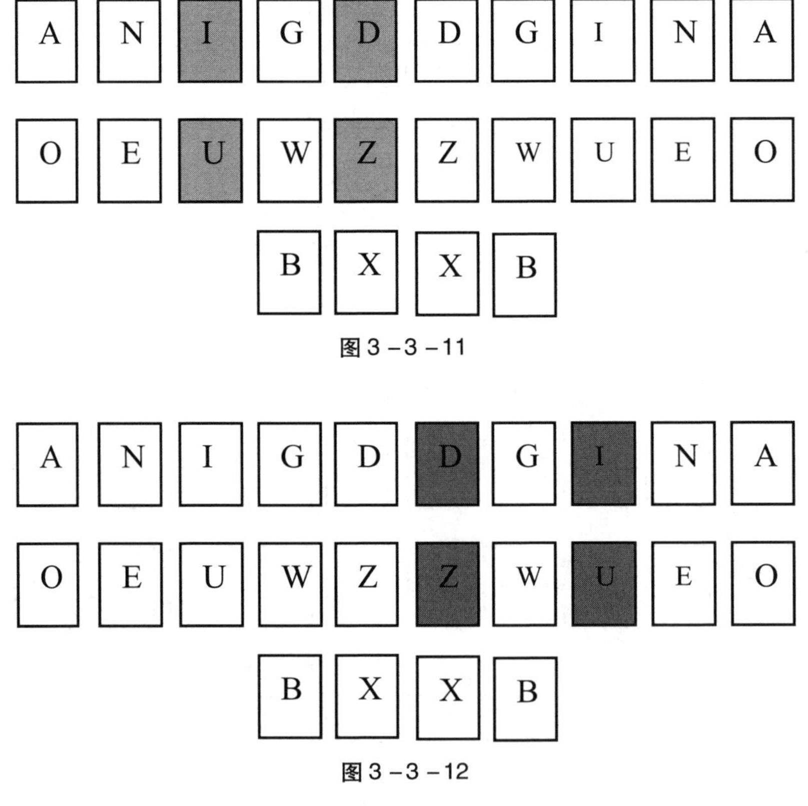

图 3－3－11

图 3－3－12

6. 引号（“”）：左“前”右“后”：

（1）“DW：”，如图 3－3－13；

（2）“：DW”，如图 3－3－14。

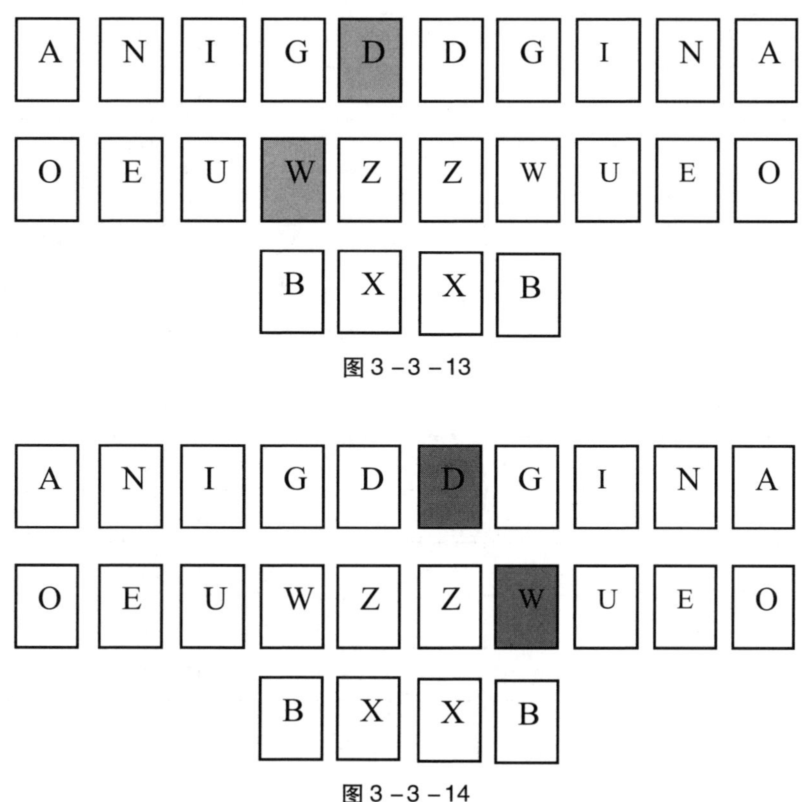

图 3－3－13

图 3－3－14

7. 一些特殊符号如下表所示：

表 3－3－1

符号	亚伟速录机音节码
@	XU：奥
#	XU：井
MYM	XU：美
*	XU：星
&	XU：按
~	XU：曲
|	XU：竖
–	XU：横
_	XU：很
[	XU：方

续表

符号	亚伟速录机音节码
]	XU：分
{	XU：大
}	XU：哆
£	XU：英
α	XU：法
β	XU：塔
Σ	XU：马
Ω	XU：嘎
π	XU：派
μ	XU：修
ˆ	XU：角
空格	XU：跳
\	XU：反
/	XU：正

经验分享

有些同学在录入文章时，从头至尾只使用一个标点符号——“逗号”，只是到了结尾的时候，才会出现一个令人欣喜的“句号”。很难想象，一篇文章只有两个符号。标点符号的录入可以反映出一个人的文学修养，同时也可以展现出记录者对文章内容的了解、熟悉程度。所以，请大家熟记各类符号的录入方法，为文章增添应有的色彩。

项目四　中文数字特定码

中文数字特定码，是指把中文数字进行特别编写而形成的编码。其主要方法是在音节码内加击一个特定的标志功能码“W”。这些数字左手单独击打或右手单独击打均可。

中文汉字从零至十，共计 11 个，根据编写规律可以分为两组以便记忆：

第一组：在其音节码上直接加击一个功能码“W”即可完成。符合这一规律的共计5个，分别是：一（IW）、二（XEW）、五（UW）、七（GIXW）、十（ZXW），如图3－4－1至图3－4－5。

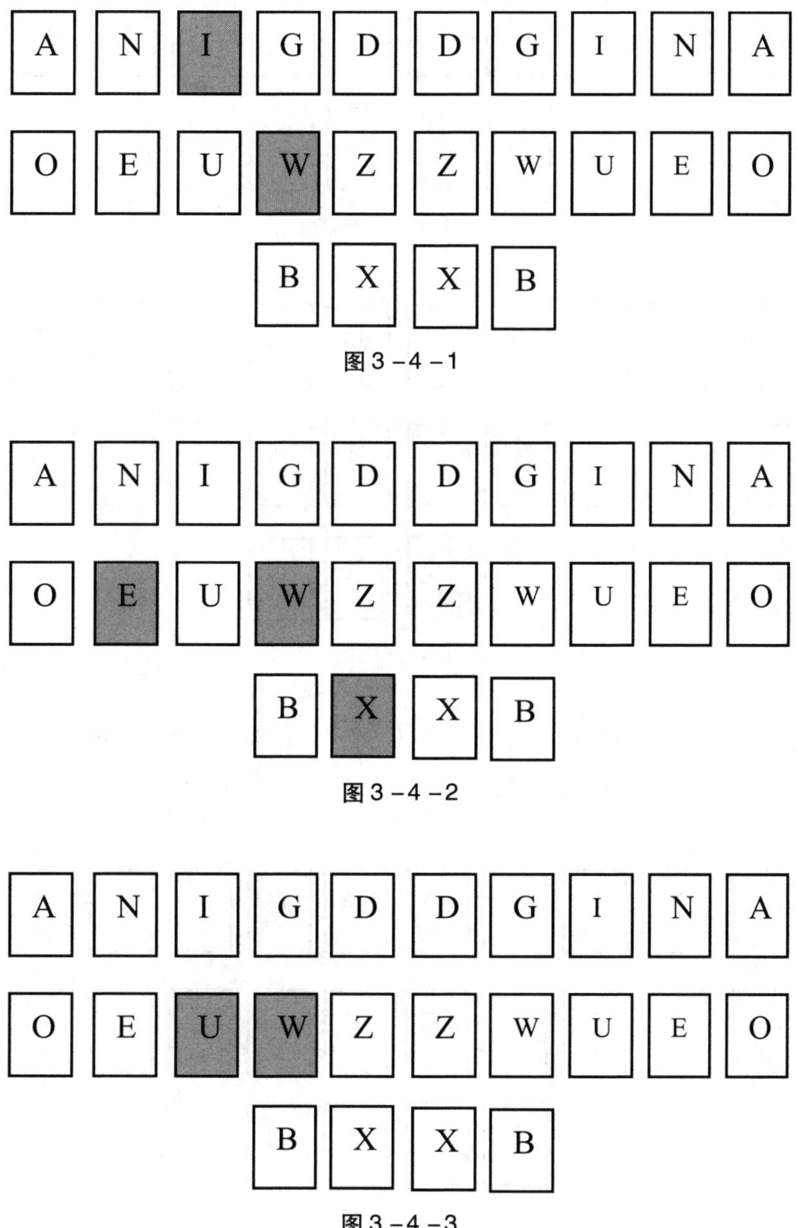

图3－4－1

图3－4－2

图3－4－3

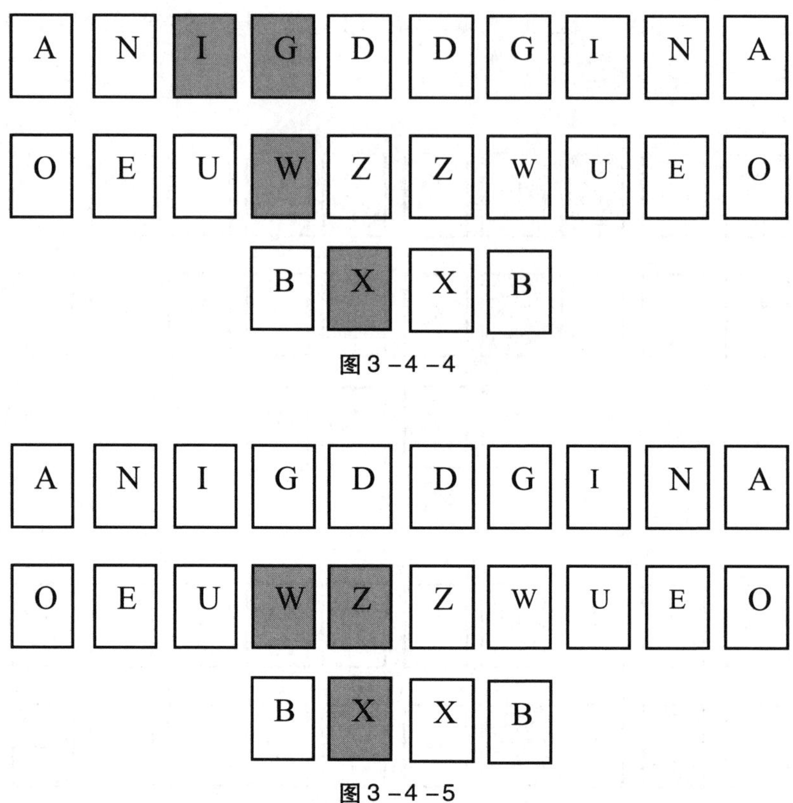

图3-4-4

图3-4-5

第二组：这些是需要特别记忆的，共计6个，分别是：零（OW）三（NW）、四（ZW）、六（OEW）、八（BW）、九（GW），如图3-4-6至图3-4-11。

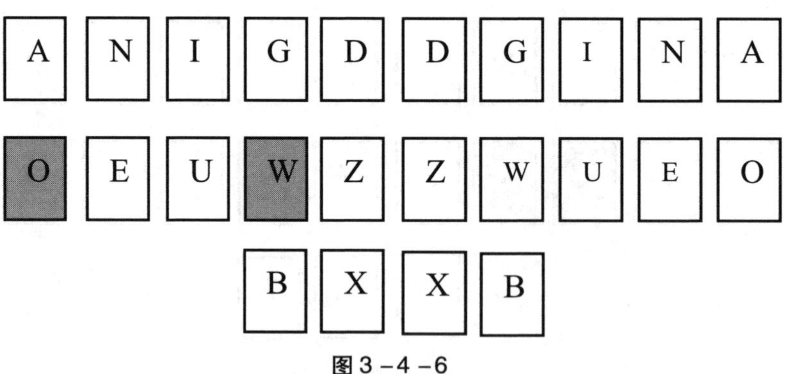

图3-4-6

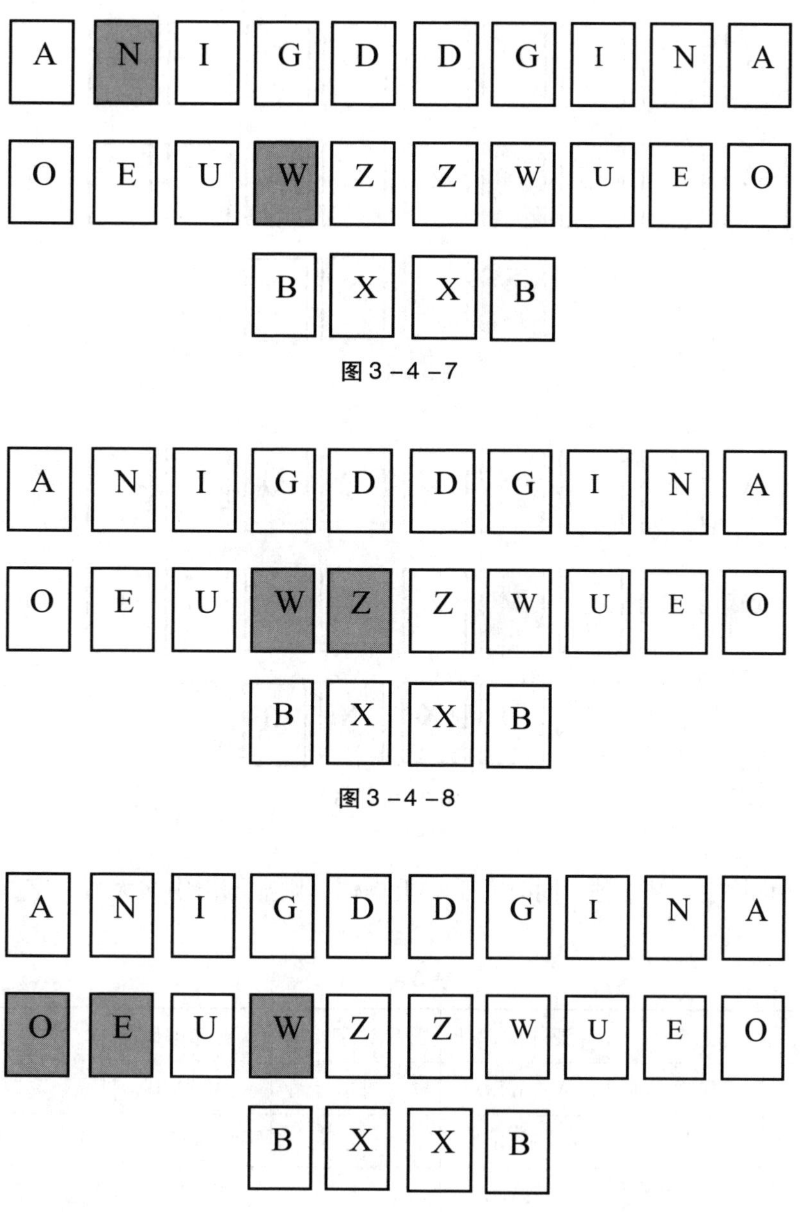

图3-4-7

图3-4-8

图3-4-9

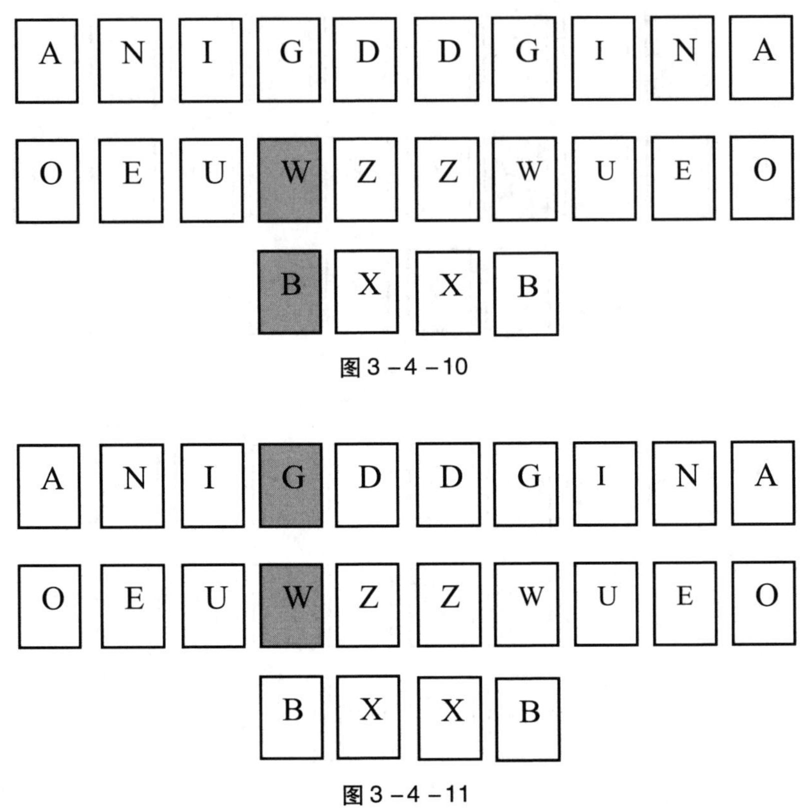

图3－4－10

图3－4－11

如果左手击打“W”键，同时右手如上操作，则显示出中文大写数字，如下表。

表3－4－1

亚伟编码	数字	亚伟编码	数字	亚伟编码	数字
W：WI	壹	W：WEO	陆	W：WO	零
W：WXE	贰	W：WGI X	柒	WIO	百分之
W：WN	叁	W：WB	捌	W：WIO	佰
W：WZ	肆	W：WG	玖	WIAN	千分之
W：WU	伍	W：WZX	拾	W：WIAN	仟

项目五　高频特定单音词与拉丁字母

一、高频特定单音词

对于一些使用频率比较高的单字，亚伟速录词库为其设定了特定的音节码，其操作方式为右手击打该字的音节码，同时左手击打“X”键、“W”键或“XW”键，使屏幕显示为该特定的单音字。

（一）“X”字

如果在亚伟速录机上录入“及”这个字，其操作方法为：右手击打该字的音节码“GI”，同时左手击打“X”键。这一类的字我们称之为“X”字，如图3－5－1。

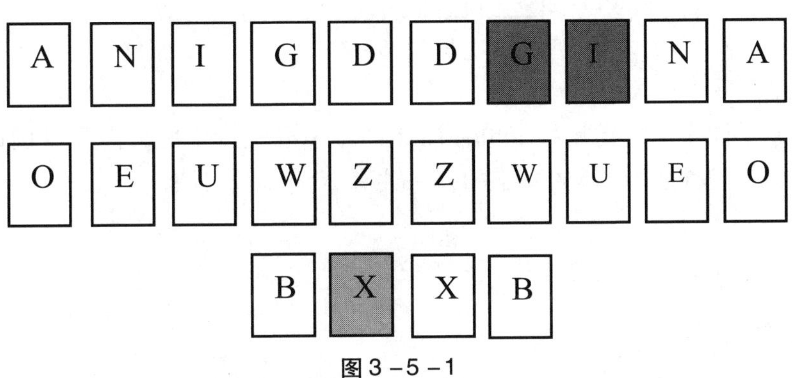

图3－5－1

（二）“W”字

如果在亚伟速录机上录入“几”这个字，其操作方法为：右手击打该字的音节码“GI”，同时左手击打“W”键。这一类的字我们称之为“W”字，如图3－5－2。

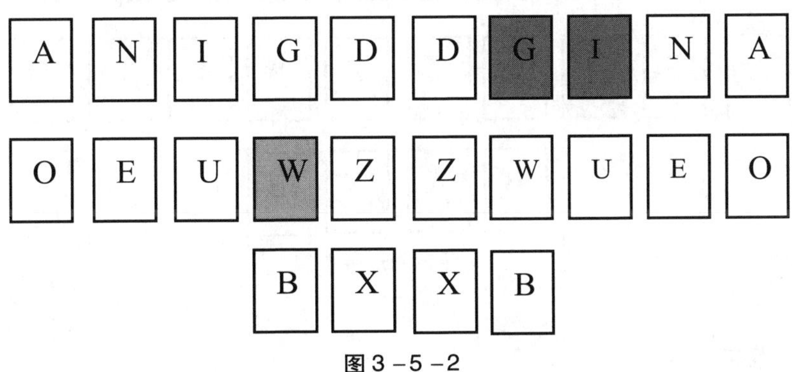

图3－5－2

（三）"XW" 字

如果在亚伟速录上录入"即"这个字，其操作方法为：右手击打该字的音节码"GI"，同时左手击打"W"键和"X"键。这一类的字我们称之为"XW"字，如图 3-5-3。

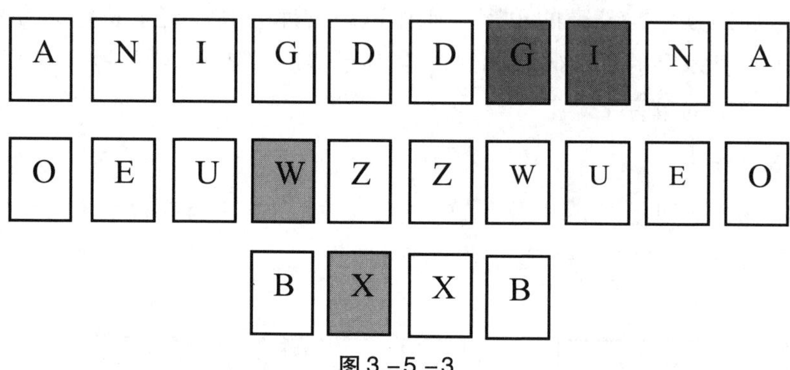

图 3-5-3

在亚伟速录词库中，高频特定单音词在词库中已经设定好，需要特别记忆才能熟练使用。其中我们称之为"XW"字的，一共有 10 个，分别是：

神 县 处 省 乘 即 於 又 唯 争

二、拉丁字母

（一）大写拉丁字母

左手击打"XU"键，同时右手击打表 3-5-1 中对应的亚伟码，如图 3-5-4。

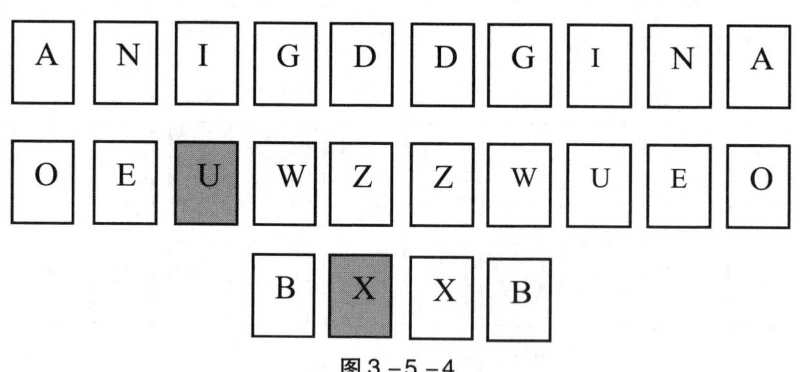

图 3-5-4

（二）小写拉丁字母

左手击打"XUE"键，同时右手击打表中对应的亚伟码，如图 3-5-5。

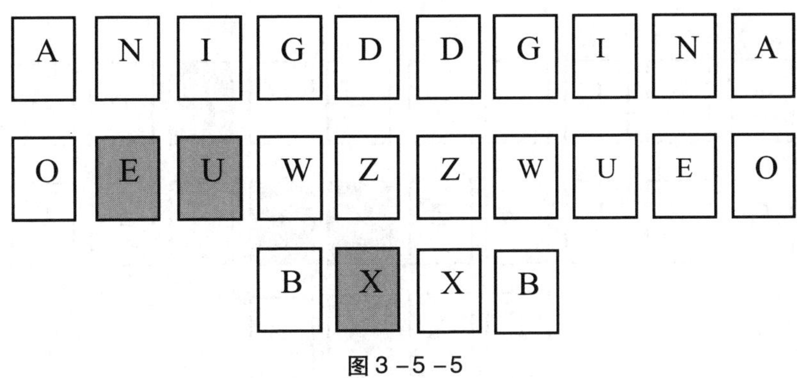

图 3-5-5

表 3-5-1

左手	右手	屏显	左手	右手	屏显	左手	右手	屏显
XU	A	A	XU	GI	J	XU	XZ	S
XU	B	B	XU	XBG	K	XU	BD	T
XU	BZ	C	XU	XD	L	XU	U	U
XU	D	D	XU	XB	M	XU	UE	V
XU	E	E	XU	N	N	XU	W	W
XU	XBU	F	XU	O	O	XU	XI	X
XU	G	G	XU	BG	P	XU	IA	Y
XU	XG	H	XU	XGI	Q	XU	Z	Z
XU	I	I	XU	XBZ	R			

项目六　后置成分双音词

在现代汉语中，有一些双音词，他们不仅是高频词，而且经常用作词组的后置成分。在亚伟词库中，这类双音词共有 11 个，分别是：主义、制度、企业、阶级、社会、系统、活动、矛盾、学校、科学、世界。

一、后置成分双音词的基本构成规律

第一个字的声码	+	第二个字的韵码	+	W 键	=	后置成分双音词
Z	+	U	+	W	=	主义

例如：主义，如图3－6－1。

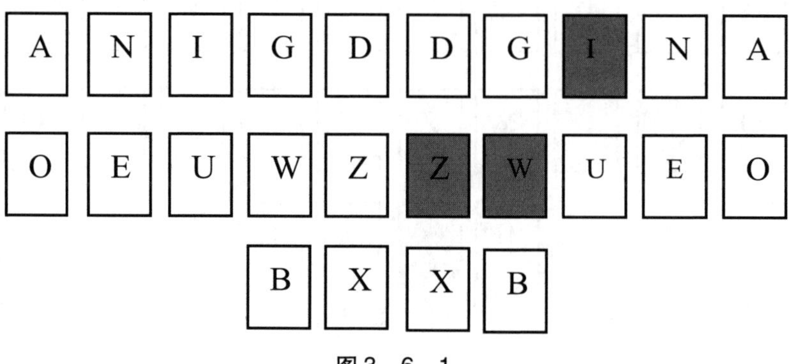

图3－6－1

在11个后置成分双音词语中，符合这一编写规律的有8个：主义、制度、阶级、企业、世界、社会、活动、科学。

制度，如图3－6－2。

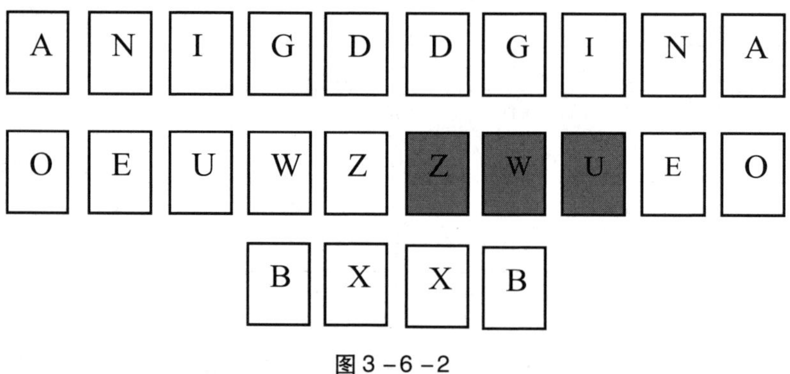

图3－6－2

阶级，如图3－6－3。

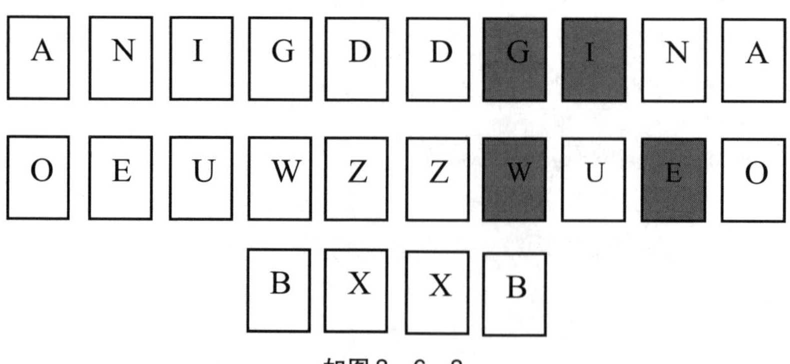

如图3－6－3

企业，如图 3－6－4。

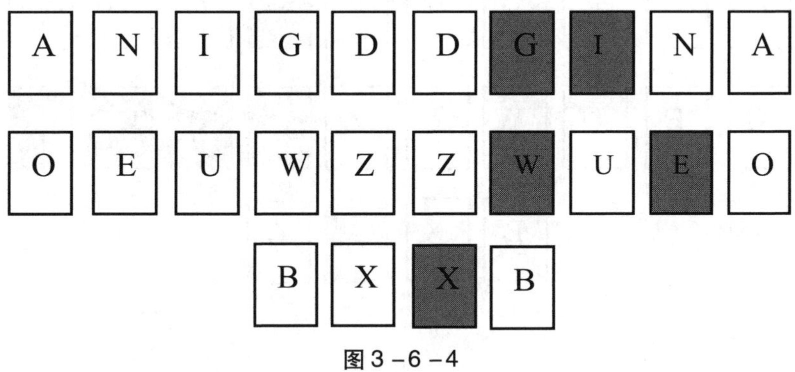

图 3－6－4

世界，如图 3－6－5。

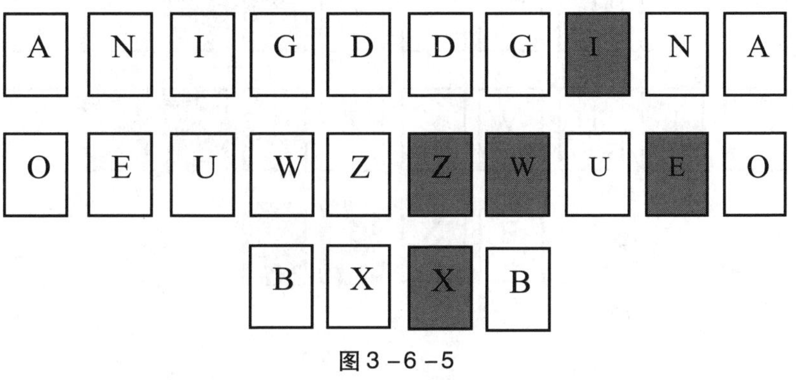

图 3－6－5

社会，如图 3－6－6。

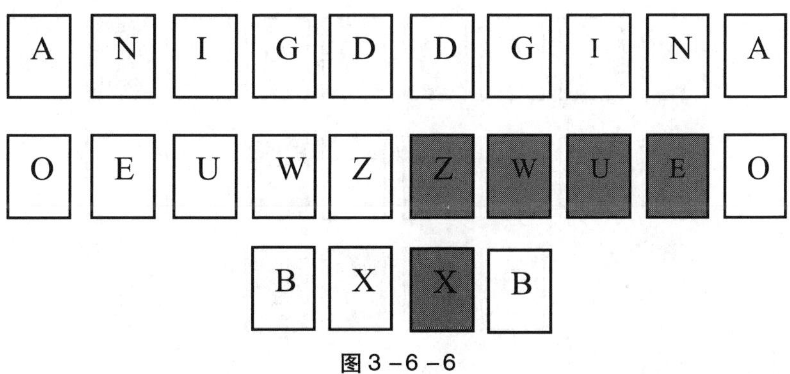

图 3－6－6

活动，如图 3 –6 –7。

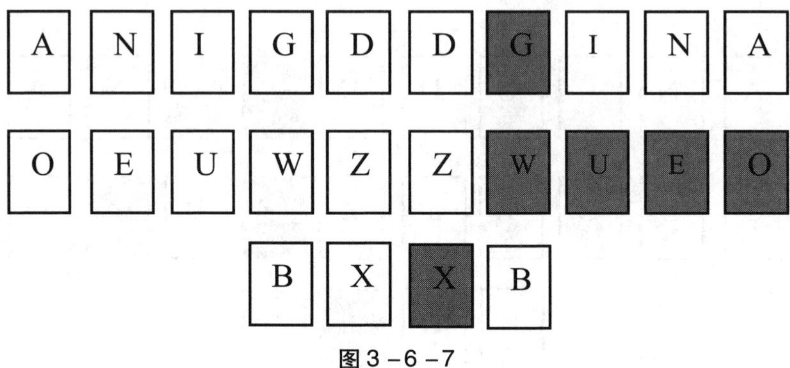

图 3 –6 –7

科学，如图 3 –6 –8。

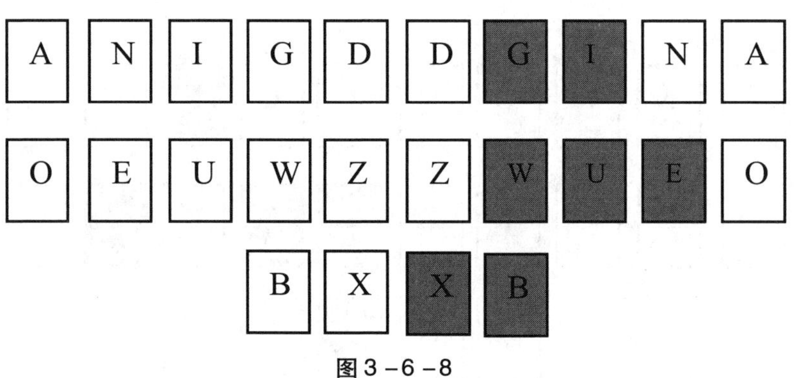

图 3 –6 –8

其他的 3 个词语：矛盾、学校、系统是特殊构成，需要特别记忆。

矛盾，XBWN，如图 3 –6 –9。

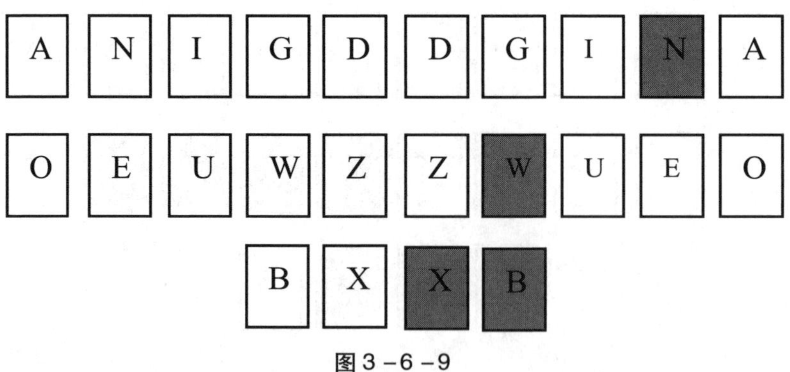

图 3 –6 –9

学校，XWAO，如图 3－6－10。

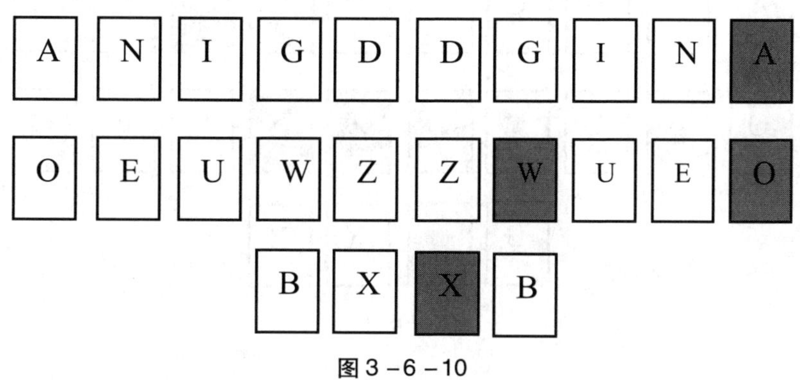

图 3－6－10

系统，XWUEO，如图 3－6－11。

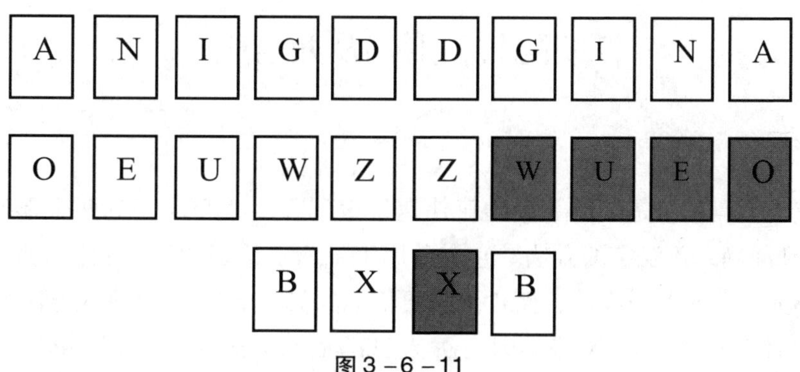

图 3－6－11

在这里，我们提供几条小口诀来帮助大家记忆这 11 个词：

A　上主义，下制度。

B　前社会，后系统，上活动。

C　换行＋N＝矛盾

D　企业－W＝阶级

二、包含后置高频双音成分的词语录入方法

第一个字音节码	＋	后置成分编码	＝	词组
社	＋	主义	＝	社会主义
ZXE	：	ZIU		

例如：社会主义，如图 3－6－12。

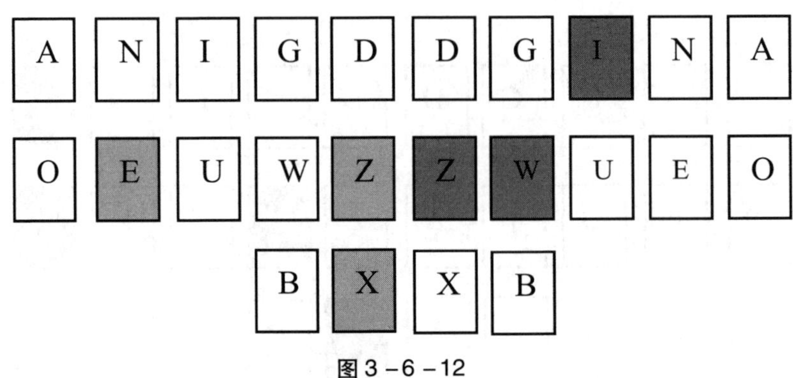

图 3－6－12

包含后置成分的双音词在亚伟词库中已经编写好了，需要特别记忆。本书附录中记录了所有的后置高频双音词，请大家认真练习和记忆。

项目七　形码及兼容码

一、形码

亚伟速录形码，就是用已掌握的亚伟速录编码并击某个汉字的两个形码元（特定的），来达到准确录入汉字的方法。它主要用于录入不认识的汉字。学习形码，需要掌握汉字形码元。形码共 168 个，而真正需要记忆的仅 50 多个。其录入方法为：

双手同时击打“XN：XN”，即可进入形码输入方式。双手再次同时击打“XN：XN”，则退出形码输入方式，如图 3－7－1。

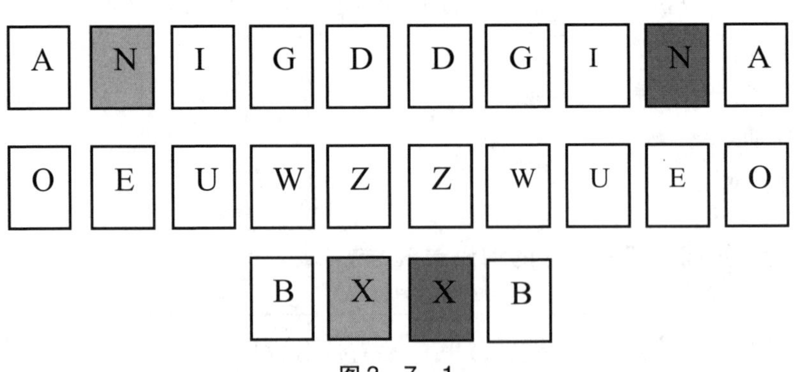

图 3－7－1

选取汉字形码元的方法：不论是认识还是不认识的汉字，均须按照笔顺根据“取大不取小的”原则进行形码元的分解和并击。例如：“越”字，应分解为“走”和

“次”，并击“DZEO：BDZ”，而不能分解为“走”和“欠”，并击“DZEO：XGINA”。

1. “前字音＋后笔画名”：例如“孓”字，应分解为前字“了”和后笔画名“捺”，并击“XD：XBDA”。

2. “前笔画名＋后字音”：例如“无”，应分解为前笔画“横”和后字“儿”，并击“XGNE：XE”。

3. “前笔画名＋后笔画名”：例如“戊”，应分解为前笔画“横”和后笔画“点”，并击“XGNE：DINA”。

4. 音节码＋前笔画名：例如“刁”，应分解为音节码“刁”和前笔画“折”，并击“XI：ZE”。

形码一般是在出现生僻字的时候予以使用。进行形码切换，或多或少会影响到速度，尤其是在快速录入的过程中。所以，我们可以通过形码将该字先打出来，然后利用键位查询的方式，将该字的发音和键位记住，以便日后使用。

二、兼容码

在亚伟速录音节码编写过程中，有一些字的音节码特别复杂，不利于多指并击。我们给这样的一些字编写了兼容码，使其更易于操作。这些拥有兼容码的字，击打其全部音节码或兼容码均可，如下表。

表3－7－1

读音	完整音节码	兼容码
据	GIU	WIU
去	GXIU	WXIU
军	GIUN	WIUN
群	GXIUN	WXIUN
决	GIUE	WIUE
却	GXIUE	WXIUE
卷	GIUNA	WIUNA
全	GXIUNA	WXIUNA
女	DBXIU	ZBXIU
率	ZXIUO	ZXIUO/WXIUO
坏	GXIUO	WXIUO
迥	GIUEO	WIUEO

续表

读音	完整音节码	兼容码
挂	GUA	GWA
跨	GXBUA	GXBW
抓	ZUA	ZIU
刷	ZXUA	ZXWU
管	GUNA	GWI
钻	DZUNA	GWIU
酸	DZXUNA	GWBIU
装	ZUNO	WUNO
略	DXIUE	WBIUE
虐	DBXIUE	WBXIUE
穷	GXIUEO	WXIUEO
快	GXBIUO	GXBI
冷	DXNE	DXN
腾	DBNE	DBN
听	DBINE	DBIN
定	DINE	DIN
法	XBUA	BIU
华	GXUA	GXW

兼容码使用起来非常方便。大家可以通过对比全音节码和兼容码的不同，发现一些规律，这样可以更容易记住这些兼容码。例如：当声码“G、GI、XI”和韵码包含“IU”的音节组合的时候，这个时候的兼容一般是将“G”键移动到“W”键，使其更方便击键，比如“却”“决”“全”“卷”“去”“群”等。

第四单元

常用技巧专项训练

知识目标

了解各种亚伟速录常用录入技巧的相关概念；明确亚伟速录常用技巧的操作方法；熟悉不同录入技巧的使用环境。

能力目标

培养学生可以熟练使用各种常用技巧进行准确录入的能力；培养学生将常用录入技巧熟练应用到实际工作中的能力及对各种常用录入技巧迅速反应并灵活转换的能力。

本单元主要向大家介绍几种亚伟中文速录机文本录入过程中常用的一些操作技巧及方法，包括选词、联词消字、捆绑等。这些技巧的使用不是独立的，而是贯穿于亚伟速录的整个录入过程，这里之所以单独拿出来讲解，是为了便于大家对此形成系统的认识，而且通过技巧专项的训练，有利于在短时间内形成一定量的积累，为提速阶段打下更好的基础。

但是技巧的使用，最终还是要回到实际速录环境中，能在文本输入过程中灵活运用，才有实际意义。因此，本单元的练习不能拘泥于课本中提供的练习内容，要拓展到课外的文本训练，也要结合本书中关于句、段、篇的文本训练进行整合练习。

另外，还有一些在速录过程中常用到的有利于准确快速录入的方法，比如“略码”“高频特定字”“兼容码”“后置成分”等，因其涉及特殊的编码方式，所以放在第三单元中。这些方法实际上也属于录入技巧，同学们应一并掌握，便于在实际操作中根据具体情况综合运用。

项目一　选词

汉语中存在着大量的同音词，所以当我们击打一个音节时，可能出现多个与其相对应的词语，比如，我们击打“XZ：XDI”，提示行出现的词语就有“势力、实力、实例、事例、示例、视力、市里、事理……”等15个词语，甚至还有音节对应更多的词语。因此，在用速录机进行录入时，会经常用到“选词”。

选词方法：左手按“XNE”键，右手同时并击提示行中字、词前的阿拉伯数字（序号1～0），见下图4－1－1。

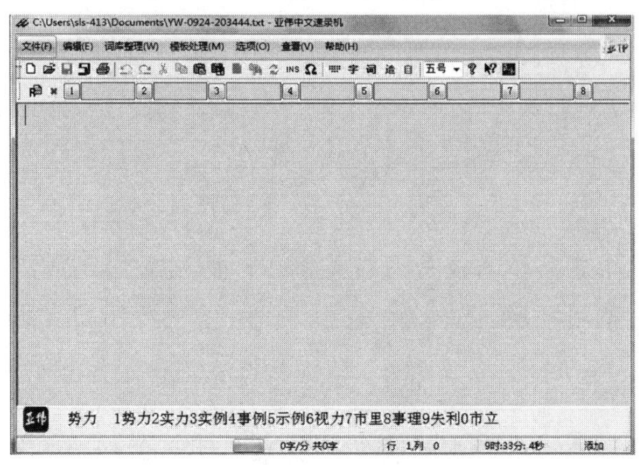

图4－1－1 提示行选词

比如我们想要打出“事例”这个词，就需要先打出“XZ：XDI”这个音节，然后击打“XNE：W（数字4对应的键位）”。

如果第一页提示行没有我们需要的字或者词，可能就需要用到翻页，翻页的操作方法为“XNE：X”前翻页、“XNE：B”后翻页。比如我们想要打出“失礼”这个词，就需要先打出“XZ：XDI”这个音节，然后“XNE：B”后翻页，然后选择第3个词，见下图4－1－2。

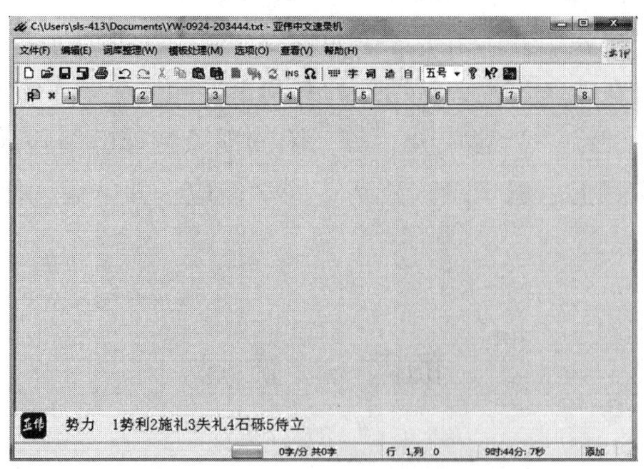

图4－1－2 提示行翻页

一、训练内容及评价标准

1. 练习4-1-1　将下列两组词语进行准确录入，要求速度不低于60字/分，准确率100%。

构建　画卷　整齐　污水　人居　近日　实施　惠民　犹如　城里
蚊子　平整　桂花　院子　布鞋　鞋子　市委　亮化　美化　粪堆
打赢　闲谈　清运　智慧　丧事　不孝　大厅　坐席　红事　彩礼
重负　施行　主体　迎娶　争先　李庄　增值　燃气　延安　理念
哪里　良机　绩效　停滞　争议　实施　陷阱　优势　国情　民企
山西　动机　上缴　不符　而后　适度　硬仗　经历　政法　大事
礼仪　出息　劳保　事务　船票　前言　制定　物种　湖泊　海涂
樱花　冬青　睡莲　蔷薇　月季　百合　斐济　指导　前言　守法
称为　愿景　勃发　干劲　憧憬　新兴　网民　遐想　定性　锦旗

信条　报国　留学　配置　学业　放歌　平凡　旅行　立马　并轨
失业　工伤　参保　连同　众人　视同　供养　事端　邻近　实施
江门　大户　造就　生机　紧邻　睡眠　前晚　上映　反响　致敬
影展　结实　评委　张宏　收到　主演　乌镇　之旅　才会　共通
旅行　笑话　回忆　舒服　荧屏　调解　自愿　瑕疵　真实　重心
园丁　魔术　官吏　世纪　经典　自愿　真实　启动　南国　打造
引领　互动　搭建　构建　畅谈　生子　举止　政法　党史　坚定
视频　智慧　出手　直面　清醒　变局　破解　血性　启动　牵头
多边　资助　首批　片区　打造　兴业　有力　漏雨　李庄　迁建
反贪　惩处　大案　推诿　见解　酮体　务必　展现　整齐　容貌

注：此练习中涉及的词语在亚伟速录基础词库中都是提示行上排序为“2”的词。

2. 练习4-1-2　将下列两组词语进行准确录入，要求速度不低于60字/分，准确率100%。

应运　洗礼　迎战　去世　柱子　幸好　千年　西沙　满眼　立意
雷击　殉职　核实　事件　语气　事件　例行　本级　惯例　换届
送检　发轫　懈怠　诚信　沥沥　启用　时机　铜像　打压　直到
演艺　指示　亚太　房价　实事　实物　赶到　止境　净是　揭示
共识　功绩　礼节　地处　智力　赋予　致以　觅食　独资　立意
止境　歧视　唧唧　急进　意志　示意　不依　茵茵　受贿　治愈
实事　资力　自缢　字迹　优于　游子　有事　栀子　知会　指定
衣袋　朱颜　新任　直言　圆顶　雅致　靡靡　美美　亚视　斤斤

附寄　覆没　复试　复合　腹壁　副本　悉数　诗人　辱没　阵势
征集　恢恢　回合　时区　洗礼　户户　引子　尾声　共识　拍戏

可比　眈眈　媒人　园景　复印　隐疾　经籍　敬畏　金鸡　似的
试音　希冀　石壁　进取　诱人　有理　七夕　违心　萎靡　纪检
计委　极化　礼记　立意　立正　网名　私养　渭河　远见　缘分
晋见　见识　齐家　抱负　付讫　复职　富丽　负心　武夫　义父
致富　借鉴　演戏　辉映　大师　备份　失神　试题　立式　历法
遗迹　儿时　侍候　死尸　武士　流逝　把式　无锡　舞弊　智能
既而　漠漠　司仪　一无　一齐　是吧　狙击　捡起　清朝　锦衣
疑虑　师哥　师弟　不屑　平正　正气　占先　花卷　期盼　园子
舞姿　管护　不力　约谈　较近　毯子　预示　自恃　私募　个子
一部　将于　共识　微机　出访　歧视　极其　意愿　寄身　依赖

注：此练习中涉及的词语在亚伟速录基础词库中都是提示行上排序为“3”的词。

二、训练指导

我们知道，亚伟速录词库中词语在提示行的排列顺序是以词汇出现的频率为依据进行分布的，也就是说，排序越前的词语出现频率越高。因此，为了录入准确和快速，对于这些常见词语我们有必要有意识地进行积累记忆，最好能达到条件反射。有经验的速录师，很多词语都是不需要用眼睛去“寻找”的，而是凭经验下意识地在提示行中进行选择。想要达到这样的水平，就需要我们日积月累和做大量的练习，尤其是那些在提示行中排列比较靠前的词语。

为了方便记忆，大家在平常的积累中，可按照词语在提示行的位置进行分类，比如将提示行排序为“2”的词语和提示行排序为“3”的词语分开记录和练习，可以强化练习效果。

另外，造词（本单元接下来会有专门介绍）会影响词语在提示行的排序，这一点大家在实际应用中要加以注意。

项目二　联词消字

在运用亚伟速录专用文字处理软件进行录入的过程中，为了准确地速录某个单音词或双音词，可以采用“联词消字定字”或者“联词消字定词”（一般习惯直接称“联词消字”）技巧，进行单字或词语的确定。如需录入“遍”，可先击打词语“遍地”（联词），然后右手单击“W”将“地”删除（消字），留下我们需要的“遍”（定字）；如需录入双音词“演唱”，可以先击打“演唱会”，然后右手单击“W”将“会”

删除，留下我们需要的“演唱”（定词）。一般确定单字时用到“联词消字”的情况比较多，需要记忆的数量也更大。另外，在“删字”时，可以用右手删除后面字留下前面的，也可以用左手删除前面的字留下后面的，在下面的练习中大家可以很好体会这一技巧的使用。

一、训练内容及评价标准

1. 练习4-2-1　将下列双音联词消字看打熟练并准确记忆，要求速度不低于60字/分，准确率100%。

（阿）姨　（暗）盒　仲（尼）　城（镇）　幅（度）　（东）夷　州（市）
兜（儿）　撮（合）　汤（匙）　峰（顶）　眯（着）　颖（雅）　译（本）
穹（隆）　挠（秧）　扯（淡）　奚（落）　偕（行）　虎（卧）　昕（璇）
苏（州）　骨（气）　汤（面）　麻（布）　睡（衣）　赖（以）　拔（河）
（九）卿　谭（奎）　鞋（垫）　界（限）　升（汞）　甄（别）　霍（金）
拖（沓）　患（得）　弭（兵）　呆（笨）　柜（台）　焉（得）　庚（寅）
吊（兰）　志（气）　异（步）　际（快）　闻（一）　扬（手）　遍（地）
梁（祝）　蝉（翼）　蜀（汉）　匪（祸）　芯（片）　哥（特）　灵（璧）
芬（达）　肖（恩）　托（儿）　惠（普）　侠（肝）　番（薯）　斯（特）
杰（特）　煮（沸）　串（亲）　米（娅）　逝（波）　铜（锣）　市（尺）
梦（呓）　坐（支）　雅（尔）　闵（行）　尖（沙）　琳（达）　皆（旺）
航（务）　洋（溢）　员（额）　脏（兮）　靖（恩）　窗（子）　令（爱）
边（务）　慈（母）　浮（文）　盐（田）　筑（物）　丝（竹）　近（来）
栋（楼）　丽（泽）　湘（阴）　香（味）　光（武）　川（夏）　精（心）
幽（暗）　手（心）　史（昂）　步（步）　奉（新）　致（密）　未（可）

2. 练习4-2-2　将下列三音联词消字看打熟练并准确记忆，要求速度不低于60字/分，准确率100%。

监察（局）　意味（着）　累死（了）　盛气（凌）　千山（万）　消失（了）
董事（长）　艾滋（病）　暗地（里）　暗箭（伤）　巴士（底）　拔刀（相）
白皮（书）　百灵（鸟）　百色（起）　百花（齐）　百合（花）　半瓶（醋）
保龄（球）　暴发（户）　保质（期）　被害（人）　背靠（背）　倍受（鼓）
本职（工）　避雷（针）　秉公（执）　博学（多）　部级（干）　不眠（之）
补习（班）　菜籽（油）　插班（生）　差点（儿）　畅行（无）　常言（道）
赤诚（之）　城建（局）　成都（市）　臭氧（层）　出乎（意）　处世（哲）
出境（证）　穿衣（镜）　穿心（莲）　打字（机）　戴帽（子）　单个（儿）
单人（舞）　胆汁（质）　登记（处）　低级（趣）　抵押（品）　奠基（石）
垫脚（石）　钉子（户）　冬至（点）　督导（司）　毒气（弹）　短训（班）
多边（形）　阿谀（奉）　发源（地）　发祥（地）　反腐（倡）　芳香（油）

复印（机）	富商（大）	富丽（堂）	富于（理）	富士（山）	复合（模）
橄榄（枝）	戈壁（滩）	各市（地）	歌剧（院）	高校（师）	公证（人）
工休（日）	孤儿（院）	孤立（于）	古文（字）	骨科（医）	故宫（博）
红眼（病）	候机（室）	候车（室）	化妆（品）	护肤（品）	护士（长）
狐狸（精）	环行（线）	回忆（录）	机动（车）	机器（人）	基督（教）
几年（来）	几何（体）	寄件（人）	计程（仪）	计时（器）	加班（费）
加减（法）	防腐（剂）	纺织（业）	分期（付）	奉献（给）	抚恤（金）

二、训练指导

联词消字是亚伟速录输入过程中使用频率非常高的技巧，熟练使用联词消字可以提高录入的准确率，减少提示行选词的频率，因此应有意识地进行积累和记忆。

联词消字的选择不是唯一的，一般我们应遵循“好打”“好记”“提示行第一位”的原则，也就是打出的词语应该是按键比较简单的。比如，要打“市”字，对很多人而言，可能选择“市尺”就比“市政”更简单。一般情况下，如果有略码词语，应尽量使用略码词语，以提高按键准确率。另外，选择的联词消字的词语应是自己比较容易记忆的，因为有些词语打起来容易，但是不容易记忆，实际应用到的时候可能会反应不过来。例如，打“史”字，可能“历史”就比“史昂”“史册”更容易被大家记忆。选择提示行第一位的词语，是为了避免再次选词浪费击键时间。

一般人习惯使用右手“后删除”来消字，其实左右手经过我们有意识地训练，灵活程度是一样的，因此练习时也不能故意“逃避”左手删除。

如果平常练习中遇到不知如何联词消字的字，可以使用以下查询方法：

1. 打出正确的字。
2. 左右“XWU:”，右手移动光标，拉黑选中要查询的字。
3. 双手并击“XWU：cha（查）”，调出查询框。
4. 选择好打好记的词语，进行联词消字。（见下图4－2－1）

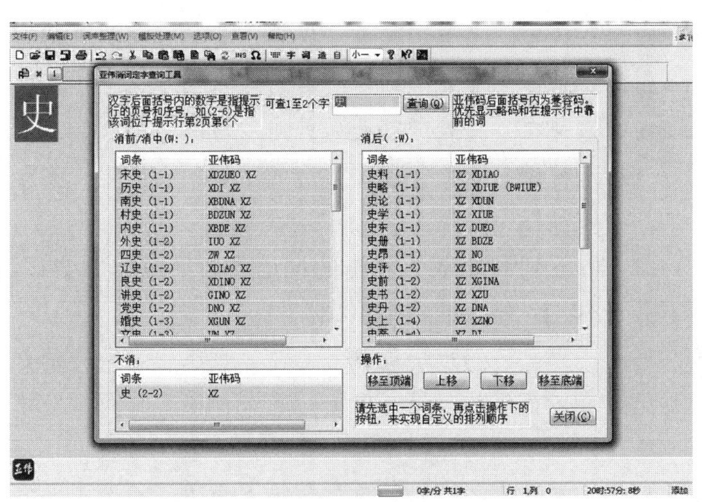

图 4－2－1　联词消字查询工具

项目三：双手并击

亚伟速录的输入方式是以“双音节”为基本单位进行录入的，但是汉语中有一些单音节词汇，也会用到单手单击，比如“老师好”这个短语中，“老师”可以双手并击进行录入，“好”就需要单手进行操作，所以实际录入过程是“单手单击”和“双手并击”不断切换完成的。

这里单独把“双手并击”这一技巧列为一个项目专门提出来，是因为在实际操作中，有一些连续的单音节字或者词，录入者会习惯按照语义或音节构成分开单击，比如，录入“让我”这两个音节时，有些同学可能会左右手分别录入“让”和“我”，用两次击键完成录入。但是实际上双手并击“让我”，一次击键即可完成录入。这样的情况在实际应用中并不少见，因此掌握一些常见的需要特别注意“双手并击”的词汇，可以有效节约录入时间，提高录入速度。

在日常文本练习中大家可以选择用“( )”对需要双手并击的词语进行标注，如“(让我)”。

一、训练内容及评价标准

1. 练习 4－3－1　将下列需要双手并击的词语熟记并看打熟练，要求速度不低于 60 字/分，准确率 100%。

位居　将在　人在　都对　让我　身在　要做　都很　站在　大的

就会　在哪　不做　上一　每一　并不　我再　给他　他也　对得

我想　走进　上将　年间　和我　是要　中的　也不　会让　还应

跟它	跟你	跟我	恨不	用以	颇有	跟在	为的	并将	即可
并非	反之	则此	是因	他就	则是	是对	这不	但在	而又
新的	做到	内的	是在	并就	就此	就对	与其	而就	这也
更为	要把	这在	有着	是应	所作	有的	但不	又要	多地

2. 练习4－3－2　将下列需要双手并击的词语看打熟练，并尝试为每一个词造句击打，要求速度不低于60字/分，准确率100%。

而要	更显	错的	那也	一边	但凡	由此	扒手	这一	的好
进而	乃至	无不	还要	都要	所需	应让	你对	他对	既定
来讲	来说	凑到	一下	所处	早前	是不	多岁	万亩	一项
有着	既是	当好	变得	多下	单靠	是受	吹出	早了	并不
之上	较多	年内	之中	最可	党在	党的	要为	必将	近百
是其	多半	更是	这就	干得	朝着	一度	是从	会给	难以
是在	了吗	得以	约占	诸多	地说	更清	那就	反而	要在

二、训练指导

“双手并击”是亚伟速录中常用的录入技巧，同学们要在实际的应用中有意识地运用和掌握，并进行系统积累。单独记忆可能会有些摸不着头脑，同学们可以尝试为上面练习中每一个词汇造句练习，在语句输入中去应用和记忆，可以达到更好地训练效果。

项目四　捆绑

“捆绑”指的是击打多音节词或者短语时，击打前面的音节提示行可能出现不同的字，但是整个词语连续打全音码可以直接捆绑成我们需要的词，不需要对前面的内容进行选词。比如，我们要打“举例子”这个词，双手并击“GIU：XDI”，提示行显示的首位词是“距离”，“举例”在提示行第二位（如下图4－4－1所示），这时候我们并不需要对这个音节进行选词，只需继续击打“子”的音节，提示行自动绑定生成“举例子”（如下图4－4－2所示）。

图 4－4－1

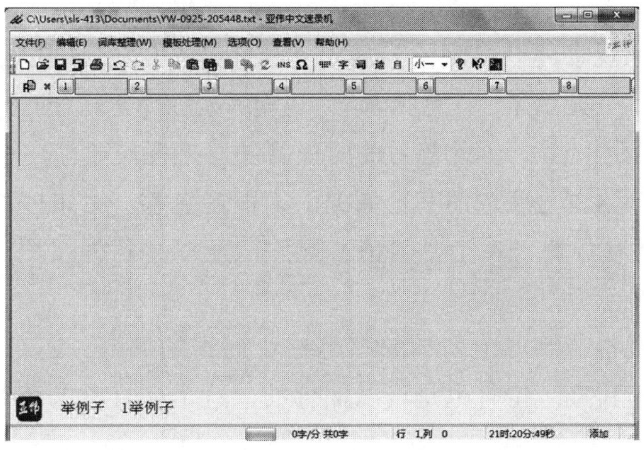

图 4－4－2

一、训练内容及评价标准

1. 练习 4－4－1　将下列捆绑词语熟记并看打熟练，要求速度不低于 60 字/分，准确率 100%。

公信力　细分化　时效性　转化率　城镇化　农民工　服务业　有利于　金融业
人民币　银行业　创业板　相对于　财政部　营业税　增值税　滞纳金　不计入
消费税　纳税人　极少数　经营者　不正当　标志着　经历了　依存度　工薪族
运动衫　越近越　富起来　之所以　无异于　只不过　排放量　摄氏度　杀伤力
近年来　白皮书　离不开　发展观　认识论　行不通　一次性　责任制　真功夫
升学率　说服力　多维度　专兼职　教育部　创造力　物理学　一滴水　呈现出
国际化　地域性　工业界　来自于　相对应　相匹配　全球性　竞争力　销售量
占有率　原材料　制造业　以此来　喷气式　发动机　制造者　保险业　公益性
实验室　也有了　启动了　进一步　应尽的　期望值　多少钱　有哪些　设计师
进一步　计算机　智能化　开放式　省部级　蓄积量　极大地　奉献给　生产力

2. 练习 4-4-2　将下列捆绑词语看打熟练并尝试为每一个词造句击打，要求速度不低于 60 字/分，准确率 100%。

生命力　有助于　统一体　取决于　座谈会　世界观　人生观　价值观　关键性
进取心　经历过　自愿性　对等性　强制力　文学奖　恶势力　杀了人　这句话
大理石　县处级　副处级　党代会　救济型　肩负着　粤港澳　港珠澳　打电话
上厕所　教练员　最大化　高质量　档案馆　禁止性　相一致　意味着　显示了
显示出　展现出　裁定书　调解书　接下来　受欺凌　打交道　揭示了　不舒服
中高端　换言之　也从未　大剧院　大公司　看不懂　一遍遍　以至于　真冷啊
远不如　活生生　称得上　传声筒　复印机　垃圾筒　红艳艳　白花花　莫须有

二、训练指导

捆绑的词语大家观察可以发现，一般都是专有名词或者常用语，比如“调解书”“艾滋病”“大理石”“显示了”“意味着”，还有一些“ABB”的短语结构，比如“红艳艳”“白花花”“活生生”，因此练习的时候要注意把握规律。

另外，捆绑的词语也为联词消字定词提供了很多参考，比如打“狐狸”，就可以用“狐狸精”捆绑，然后右手“W”把“精”删除。所以，各种技巧之间应该融会贯通，灵活转换和使用。

还要补充一点，本节练习中列举的都是三音词语的捆绑，还有一些四音节的成语熟语或者常用语，全拼连续击打也是可以捆绑的，这个在日常的练习中也要注意积累，比如“知人善任”“在职教师”“仁人志士”“无为而治”等，就可以连续击打捆绑。

项目五　分开单击

“分开单击”的概念跟“双手并击”的概念刚好相反，它指的在亚伟速录的输入过程中，有些连续的音节双手并击生成的是一个词，两个音节分别单手单击打出来的是另外两个字。所以在这种情况下，是需要“双手并击”还是需要“分开单击”，就需要根据实际情况来进行选择了。

比如，“四川属于多山地区。”这个句子中，“多山”两个字，同学们在录入时下意识反应就是双手并击，可是双手并击这两个音节屏幕显示的是“躲闪”，只有两个音节分开单击时，先左手单击“多”，右手单击“山”，才会出现我们要的“多山”。本书中会用“/”来表示两个音节需要“分开单击”，如“多/山”。

一、训练内容与评价标准

1. 练习 4-5-1　将下列需分开单击的词语看打熟练并准确记忆，要求速度不低于 60 字/分，准确率 100%。

受/有　之/人　生/前　讯/问　作/成　对/人　按/其　选/人　一/副　一/派
村/里　上/个　住/了　成/人　大/为　不/分　都/与　就/不　了/的　并/被
不/高　而/言　较/长　但/从　放/在　也/同　不/强　压/给　要/下　之/路
木/本　多/山　很/不　更/蓝　人/要　在/用　一/问　某/家　向/我　也/应
问/你　谈/了　新/人　但/也　那/要　而/应　在/为　多/个　为/高　与/之
在/非　在/大　就/会　点/上　都/不　之/比　较/小　把/人　对/此　人/的
为/民　在/此　不/受　不/清　不/便　在/我　去/到　有/车　住/在　人/的

2. 练习 4－5－2　将下列词语分别进行“分开单击”和“双手并击”，进行对比记忆。

但/住　与/人　都/不　但/就　但/在　共/生　人/与　才/会　更/长　全/归
也/向　也/是　内/生　才/会　较/差　较/长　都/给　对/此　将/会　将/之
仍/要　一/段　要/同　点/多　他/所　小/的　图/强　的/最　的/是　撒/下
下/的　有/人　但/也　人/的　军/成　我/可　到/这　将/其　因/其　较/强
不/学　共/分　及/对　定/向　不/到　与/人　之/所　少/的　老/的　分/里
人/较　较/人　也/为　数/个　准/用　故/有　故/其　并/为　较/有　坏/了
和/其　苦/了　乃/之　较/新　在/行　不/了　或/因　和/向　之/中　里/的

二、训练指导

“分开单击”和“双手并击”两个概念大家可以对比训练和记忆。

另外，分开单击的词语，我们一般选择左右手分别单击，这比较符合音节排列顺序，而且双手合作击打起来也会更加轻松连贯协调。但是有些同学在练习过程不注意，可能会根据自己的使用偏好，养成单手连续单击的习惯，比如只使用右手连续击打，左手闲置，这属于不良的击打习惯，同学们应注意避免。

项目六　造词与自定义

“造词”与“自定义”是两种可以用来增加亚伟系统词库中词汇的方式，通过这两种方式都可以增加新的词汇到词库到词库中，但是两者使用的情况有所区别，在练习时应特别注意。

一、造词

造词方法在单元三中已经讲述，本单元侧重于练习。首先练习如何删除造词。

1. 在亚伟速录软件中打出要删除的词，复制或剪切。

2. 调出造词编辑框，有三个方法：

（1）使用速录机键盘“XUW：XBW”；

（2）点击工具栏中的按钮“造”；

（3）使用键盘快捷键：ctrl + D。

3. 在“查找词”处粘贴或输入要删除的词语，点击“查找下一个”选中，删除词条（见下图4－6－1）。

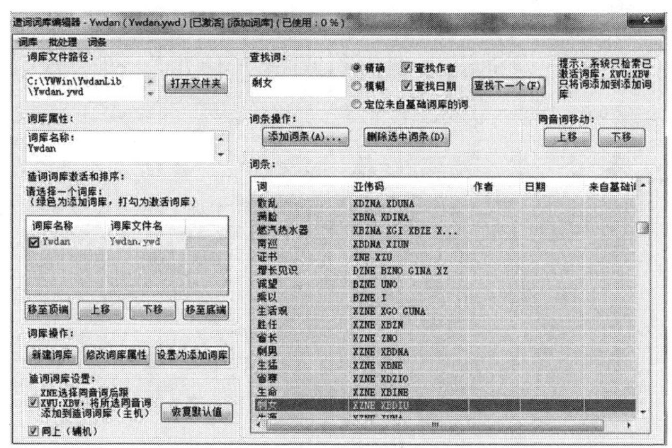

图4－6－1 删除“造词”

补充：如何用速录机进行复制、粘贴、剪切：

（1）复制—选中要复制的内容，然后 XUW：BZ（吃）；

（2）粘贴—XUW：UE（为）；

（3）剪切—选中要剪切的内容，然后 XUW：XI（系）。

二、自定义

自定义方法在单元三中也已经讲述，本单元侧重于练习。首先练习自定义的删除。

1. 在亚伟速录软件中打出要删除的内容，复制或剪切。

2. 调出自定义编辑框，有三个方法：

（1）使用速录机键盘“XUW：D”；

（2）点击工具栏中的按钮“自”；

（3）使用键盘快捷键：ctrl + E。

3. 在“查找自定义或亚伟码”处粘贴或输入要删除的内容，点击“查找下一个”选中，然后选择“删除选中词条”，或者直接在词条目录里找到所要删除的词条，选择“删除选中词条”（图4－6－2）。

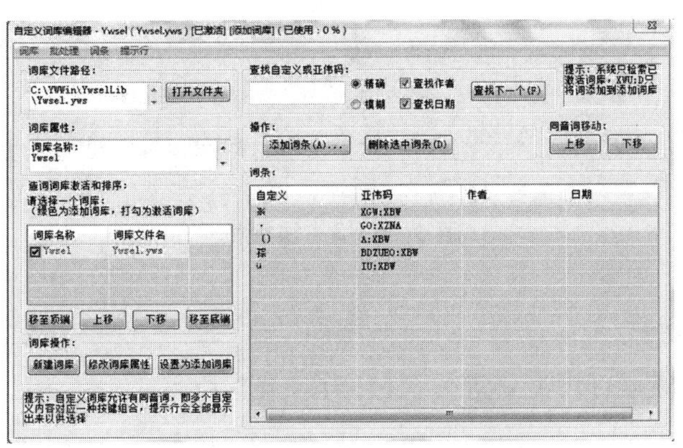

图 4-6-2　删除自定义词条

三、训练内容及评价标准

1. 练习 4-6-1　将下列词语进行造词，要求熟练掌握造词功能的添加和删除。

宅男　赶集网　大龄剩女　水吧　刚需　试婚　闪婚　闪离　尬聊

葛优躺　房奴　学霸　裸考　医闹　限购　熟女　微信　朋友圈

绿茶婊　素颜　薛之谦　飞猪　道客巴巴　王者荣耀　蚂蚁花呗

2. 练习 4-6-2　将下列内容进行自定义，要求熟练掌握自定义功能的添加和删除。

《红楼梦》　第十九次全国人民代表大会　B2B　主持人

中国特色社会主义法治国家　国家富强、民族振兴、人民幸福

社会主义核心价值观　富强、民主、文明、和谐　奥迪 A4 系

迷你（MINI）Cooper　Hollywood　阿诺德·施瓦辛格

四、训练指导

汉语中新词不断地产生，而且每个行业或者说每一次速录工作涉及的录入内容也不相同，因此，成熟的速录师应根据实际情况灵活使用"造词"和"自定义"两个功能。但是"造词"和"自定义"的操作都会对亚伟词库产生改变，尤其是造词功能，会影响提示行重码词语的排序，从而影响选词和联词消字的使用。因此，造词功能也不能随便使用。造词和自定义的词条如果不再需要，要及时进行删除整理，以节约词库空间和保持基础词库的稳定。

另外，在日常的录入过程中，对于临时使用的"新词"或者重复使用的内容，除了"造词"和"自定义"，我们也要善于利用快捷栏（见下图 4-6-3），可以有效提高录入速度，简化录入过程。

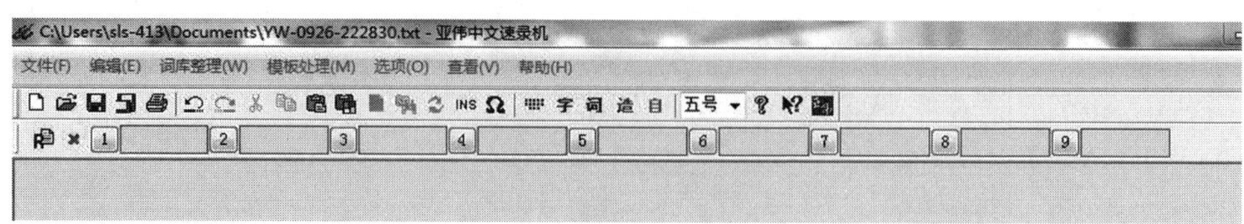

图 4-6-3　快捷栏

快捷栏使用方法：

1. 在亚伟软件屏幕打出需要进行快捷操作的内容；

2. 拉黑选中；

3. 用速录机键盘“XW：数字”来将选中内容放入对应数字的快捷栏中。左手击打标志功能码“XW”键，同时右手击打“D、Z、G、W、I、U、N、E、A、O”键中的一个，可将所需内容依次录入到第 1 ~ 10 个快捷栏。即“XW：D”对应第一个快捷栏，依此类推。

例如，我们将“供给侧结构性改革”拉黑选中，然后“XW：D（数字 1）”，就可以将其放入快捷栏中数字“1”对应的方框中。再次使用时只需要击打“XW：D”，屏幕上即可显示“供给侧结构性改革”。

用同样的方式，我们可以尝试将“男：”放入快捷栏“2”，将“女：”放入快捷栏“3”。（见下图 4-6-4）

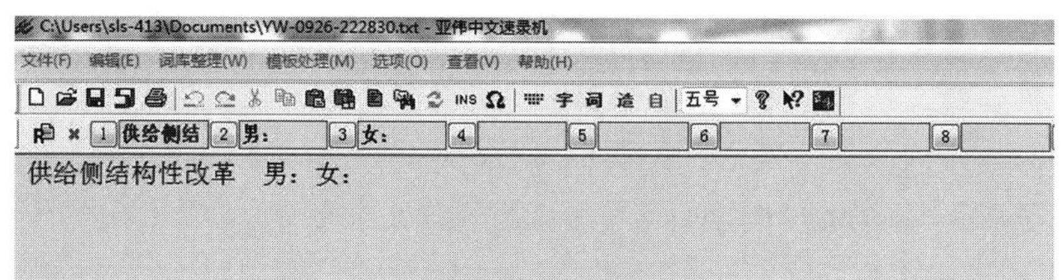

图 4-6-4　快捷栏使用方法

快捷栏的删除也很简单，可以直接打出新的内容对旧的内容进行覆盖，也可以直接使用鼠标删除。

大家可以根据实际情况，灵活选取适合的操作方式。所有的技巧都不是唯一的，只要是能使录入既快又准的技巧，都可以使用。

第五单元

基本技能综合训练

知识目标

让学生从不同的领域了解速录的功能，同时积累各个领域的基本知识。

能力目标

通过句、段、篇的练习，掌握更多的速录技巧，以及文章的结构段落划分。

项目一　句的练习

训练目的：加强手指击键连贯性以及简单技巧的记忆。

一、政治类

（一）考核方式与评价标准

在3分钟内将这5句话（112字）看打完，准确率要求达到97%。

1. 中国共产党党员必须全心全意为人民服务。
2. 个人利益服从党和人民的利益。
3. 行使表决权、选举权，有被选举权。
4. 中国共产党党员是中国工人阶级的有共产主义觉悟的先锋战士。
5. 认真学习马克思列宁主义、毛泽东思想、邓小平理论和“三个代表”重要思想。

（二）录入技巧

1. 单音字特定：党（W：DNO）、和（X：XG）、的（X：D）、权（W：XWIUNA）、有（X：IEO）、被（X：BE）。
2. 双音略码：必须（W）、代表（W）、重要（X）、思想（X）。
3. 四音略码：认真学习。

4. 多音略码：中国共产党、为人民服务、马克思列宁主义、毛泽东思想、邓小平理论。
5. 后置成分：工人阶级、共产主义。
6. 捆绑：全心全意、先锋战士。
7. 选词：行使（4）。

二、经济类

（一）考核方式与评价标准

在4分钟内将这5句话（124字）看打完，准确率要求97%。

1. 腾讯公司董事长兼CEO马化腾的个人财富达362亿美元。
2. 进入8月份后，小区房价进一步下跌。
3. 能源局发布，5月份全社会用电量同比增长2.1%。
4. 目前，江苏省成品油质量升级已经先后进行了11次。
5. 丰田预计今年下半年日元汇率向好，并上调了对2017财年的业绩预期。

（二）录入技巧

1. 单音字特定：的（X：D）、全（X：XWIUNA）、量（X：XDINO）、了（X：XD）、次（W：BDZ）、并（X：BINE）、对（X：DUE）。
2. 双音略码：月份（W）、增长（W）、目前（W）、已经（X）、进行（W）。
3. 分击：向好。
4. 后置成分：社会。
5. 捆绑：董事长、马化腾、亿美元、下半年。
6. 联词消字定字：兼（备）、达（到）、局（长）。
7. 选词：房价（3）、用电（2）、丰田（2）、预期（2）。

三、法律类

（一）考核方式与评价标准

以下练习（练习1～练习5）分为40、50、60三个不同的速度，首先将40速的听打完成，准确率要求97%，课下将50速、60速的完成。

（二）练习与录入技巧

练习1（20字）　“正无需向不正退步，法无须向不法妥协。”

录入技巧：

1. 单音特定字：

X字：无　需　法　正

W 字：须

2. 分开单击：不法　不正

3. 选词：无需（2）不法（2）

经验分享

（1）句子是由词语组成的，在录入时，要自觉地将句子划分成一组组的词语而非机械的两个字。

（2）有些词语在录入时可以选词。但大量的选词不容易记忆，如果可以使用单音特定字的打法，用这种方法会更便捷且不容易出错。如“不法”“无需”这两词。

（3）句子中的一些字是单音特定字的，最好坚持使用单音特定字的打法，形成习惯，避免这个字下次出现时和别的音节码组合在一起时出现捆绑跳转的情况。如果“我们的朋友”这句话中“的”字，此处，单击“的”的音节码即可；但是如果出现在“人民的意志”中，单击“的”的音节码就会成为“人民德意志”，只能通过击打“的”的特定码 X：D 来解决。

练习 2（64 字）　当代中国的法律体系通常包括下列部门：宪法、行政法、民法、商法、经济法、劳动法与社会保障法、自然资源与环境保护法、刑法、诉讼法。

录入技巧：

1. 单音特定字：

W 字：与

2. 略码：中国　自然　包括　劳动　经济　法律体系　环境保护法　刑事诉讼法　社会保障

练习 3（65 字）　国家机关是国家法律的制定和执行主体，同时肩负着普法的重要职责。党的十八届四中全会明确提出实行国家机关“谁执法谁普法”的普法责任制。

录入技巧

1. 单音特定字：着

2. 选词：制定（2）主体（2）谁　执法（2）

3. 略码：国家机关　国家　重要　明确　提出　责任　四中全会

4. 特定码：是（XZI）

5. 捆绑：责任制

经验分享

（1）对于一些常用的称谓、名词等，可以尝试用多音捆绑的方式来录入，如“邓小平”。在本文中，“责任制”这个词语的前两个字“责任”，如果击打的是略码，则后面的“制”字需要连词消字才可以打出来，打法会更复杂，在这里只需要连续击打三个字的音节码即可完成。“责任田”“劳动力”“劳动者”等都是这种情况，大家在练习的时候可将这类的词语进行收集整理。

（2）本文中的“执法”一词，需要选词（2）。但是如果录入“执法者”这个三音词，则只需删除“者”字即可。这种方法称之为“三音消字法”。这样的词语如“手机（号）”“纪检（委）”“宜兴（市）”，大家在练习的时候可将这类的词语收集整理以便更好地运用，提高录入速度。

练习 4（88 字）　“公民个人信息”是指能反映个人身份或者活动情况的各种信息，如姓名、身份证件号码、通信通讯联系方式、住址、账号密码、财产状况、行踪轨迹等。

录入技巧

1. 单音特定字：X 字：如
2. 选词：住址（4）
3. 连词消字：指（出）
4. 略码：或者　情况　身份证号码　状况
5. 后置高频双音词：活动

经验分享

在使用连词消字定字方法时，对单个字的组词选择应遵循三个原则：一是简单，容易录入；二是容易联想，方便记忆；三是固定搭配，即每次出现这个字的组词时，都是使用同一方法。这样就能又快又好地掌握和使用这一方法。

练习 5（102 字）　爱国主义教育基地、图书馆、青少年宫、儿童活动中心应当对未成年人免费开放；博物馆、纪念馆、科技馆、展览馆、美术馆、文化馆以及影剧院、体育场馆、动物园、公园等场所，应当按照有关规定对未成年人免费或者优惠开放。

录入技巧

1. 连词消字：宫（内）
2. 略码：儿童　开放　按照　有关　规定　或者
3. 捆绑：未成年人　图书馆　纪念馆　文化馆　科技馆　展览馆　影剧院　动

物园

4. 后置高频双音词：爱国主义　活动

经验分享

在录入“未成年人”“文化馆”“动物园”这些多音捆绑的时候，中间不能出错，如果中途出现错误，这个捆绑就失效了。例如录入“动物”音节码后，错误录入其他的音节码后再录入“圆”的音节码，出现的就是“动物圆”。解决的方法只能是从头开始录入。

四、社会综合类

（一）考核方式与评价标准

在3分钟内将这5句话（106字）看打完，准确率要求97%。

1. 为什么现代人对于手机如此依赖?
2. 青年的婚恋是青年发展中的大问题。
3. 今天广东佛山美术馆联盟艺术季举办首场展览。
4. 8月8日四川九寨沟成为全国目光关注的焦点。
5. “王者荣耀”不仅点燃了手机游戏的热潮，而且为相关方出了一道新课题。

（二）录入技巧

1. 单音字特定：中（X：ZWEO）、的（X：D）、大（X：DA）、为（X：UE）、新（X：XIN）。

2. 双音略码：对于（W）、青年（X）、发展（X）、问题（X）、四川（X）、成为（X）、全国（W）、而且（X）。

3. 三音略码：为什么。

4. 联词消字：季（节）、方（面）。

5. 三音联词消字：手机（号/卡）。

6. 选词：依赖（3）、首场（2）、王者（1）、出了（2）。

五、医学类

（一）考核方式与评价标准

在4分钟内将这5句话（144字）看打完，准确率要求97%。

1. 医院建设主要包括施工、设计、运营等各个方面。
2. 到去年年底，全省医疗卫生机构房屋建筑面积达到3000多万平方米。
3. 干细胞在不同的环境当中分泌的物质也不一样。
4. 再生医学包括各种干细胞，像胚胎干细胞、承载性干细胞、成体细胞等等。

5. 对于一个国家来讲，人民健康水平是国家强盛之基，是社会和谐之基，是人民幸福之基。

（二）录入技巧

1. 单音字特定：等（X：DNE）、到（X：DAO）、在（X：DZIO）、的（X：D）、之（X：Z）。

2. 双音略码：建设（X）、主要（X）、包括（W）、涉及（X）、各个（W）、方面（X）、达到（W）、环境（X）、等等（X）、对于（W）、国家（X）、人民（W）、水平（W）。

3. 三音略码：平方米。

4. 联词消字：像（章）、基（础）。

5. 后置成分：社会。

6. 选词：医院（1）、强盛（2）。

经验分享

每一句话进行反复练习便会达到条件反射的效果，这样既加强手指击键的连贯性，同时也便于记忆录入技巧。

项目二　段落的练习

一、政治类

（一）考核方式与评价标准

以下 5 个练习片段全都为听打文章，速度分为 40、50、60，根据不同的练习进度，准确率要求达到 97%。

（二）练习与录入技巧

练习 1　全面深化改革，必须高举中国特色社会主义伟大旗帜，以马克思列宁主义、毛泽东思想、邓小平理论、“三个代表”重要思想、科学发展观为指导，坚定信心，凝聚共识，统筹谋划，协同推进，坚持社会主义市场经济改革方向，以促进社会公平正义、增进人民福祉为出发点和落脚点，进一步解放思想、解放和发展社会生产力、解放和增强社会活力，坚决破除各方面体制机制弊端，努力开拓中国特色社会主义事业更加广阔的前景。

录入技巧

1. 单音字特定：以（X：I）、为（X：UE）、和（X：XG）、各（X：G）。

2. 双音略码：必须（W）、代表（W）、重要（X）、思想（X）、谋划（W）、改革（W）、促进（W）、人民（W）、坚决（W）、方面（X）、努力（X）。

3. 三音略码：出发点。

4. 四音略码：中国特色、市场经济、解放思想。

5. 多音略码：全面深化改革、马克思列宁主义、毛泽东思想、邓小平理论、解放和发展、社会生产力。

6. 后置成分：社会主义、科学。

7. 捆绑：发展观。

8. 选词：指导（2）、坚定（2）、福祉（7）。

练习2　今年是国民经济持续保持良好发展势头的一年，也是促进改革的重要一年。今年的经济工作，要深化改革，扩大开放，加强和改善宏观调控，大力调整经济结构，推动技术进步，积极开拓市场，提高经济效益，控制通货膨胀，保持国民经济持续、快速、健康发展。根据这个要求，安排生产增长的速度，要考虑原来的基础，并合乎客观规律，安排比较均匀的发展速度，是能保证实现的，也是非常合适的。

录入技巧

1. 单音字特定：要（X：IAO）。

2. 双音略码：持续（X）、良好（W）、发展（X）、促进（W）、改革（W）、重要（X）、调整（X）、推动（W）、技术（W）、控制（W）、根据（W）、要求（W）、生产（X）、速度（W）、考虑（W）、基础（X）、合乎（W）、客观（W）、规律（W）、比较（X）、均匀（W）、保证（X）、非常（W）。

3. 四音略码：国民经济、经济工作、深化改革、扩大开放、宏观调控、经济结构、通货膨胀、健康发展。

4. 多音略码：加强和改善、提高经济效益。

练习3　我们必须正确分析和把握形势，既看到有利条件，又看到不利因素，努力保持积极而又稳妥的发展速度。各地区、各部门都要从自己的实际情况出发，决定合理的发展速度。不要互相攀比，盲目地片面追求产值，不考虑产品质量和品种。要充分利用库存，反对浪费和积压。必须把各方面促进生产发展的措施落实好，保证生产发展，保持国民经济持续、快速、健康的发展。

录入技巧

1. 单音字特定：又（XW：IEO）、各（X：G）、从（X：BDZUEO）、地（X：DI）、不（X：B）、把（X：BA）。

2. 双音略码：我们（X）、必须（W）、正确（X）、分析（X）、看到（X）、条件（W）、努力（X）、发展（X）、速度（W）、地区（W）、自己（W）、情况（W）、决定（X）、片面（W）、追求（X）、考虑（W）、产品（X）、品种（X）、充分（W）、利用（X）、库存（W）、反对（W）、浪费（W）、方面（X）、促进（W）、生产（X）、措施（X）、落实（X）。

3. 联词消字：既（是）。

练习4 理想是人们对美好未来的向往和追求，是人们奋斗的目标和精神支柱，也是激励人们发奋向上、不断进取的强大动力，是个人和民族的灵魂所系。社会发展是包含价值理想的历史过程，提出“中国特色社会主义共同理想”这一概念，突出强调了个人理想和社会理想的统一性。依据科学的社会理想来树立个人的人生信念，是一个民族兴旺发达的思想基础。

录入技巧

1. 单音字特定：对（X：DUE）、的（X：D）。
2. 双音略码：人们（X）、追求（X）、民族（X）、过程（W）、提出（W）、强调（X）、思想（X）、基础（X）。
3. 四音略码：社会发展、中国特色、兴旺发达。
4. 后置成分：社会、科学。
5. 选词：激励（3）、进取（3）。
6. 分击：所系。

练习5 中国特色社会主义理想不是作为观念给予我们的，而是作为社会历史过程给予我们的。首先，社会主义的价值理想最初是在资本主义社会内部产生的，是伴随着劳动群众不断反抗资本家的统治而得到传播和发展的。马克思和恩格斯创立的唯物主义历史观和剩余价值学说，使这一理想由空想变成了科学。

录入技巧

1. 单音字特定：着（X：ZE）、而（X：XE）、使（X：XZ）、由（W：IEO）。
2. 双音略码：作为（W）、我们（X）、过程（W）、首先（W）、产生（W）、劳动（W）、群众（W）、得到（X）、传播（X）、变成（X）。
3. 四音略码：中国特色。
4. 多音略码：马克思和恩格斯、剩余价值学说。
5. 后置成分：社会主义、资本主义、唯物主义。
6. 选词：统治（2）。

二、经济类

（一）考核方式与评价标准

以下 5 个练习片段全都为听打文章，速度分为 40、50、60，根据不同的练习进度，准确率要求达到 97%。

（二）练习与录入技巧

练习 1　此外值得一提的，还有资源浪费。最开始，共享经济只是“陌生人之间闲置物品使用权的暂时转移”，其初衷是淡化所有权、侧重使用权，以此增加闲置资源的利用效率，减少浪费。但当前，很多“共享经济”只是实现了互联网化租赁，一旦管理不当、无序竞争还可能造成资源浪费，与共享经济的初衷背道而驰。

录入技巧

1. 单音字特定：最（X：DZUE）、但（X：DNA）、化（X：XGW）、还（X：XGIO）、与（W：IU）。
2. 双音略码：此外（W）、浪费（W）、经济（X）、利用（X）、管理（W）、可能（X）、造成（W）。
3. 选词：闲置（4）、初衷（3）。
4. 捆绑：互联网、背道而驰。

练习 2　到 2018 年，建立普惠性的学前教育体系，实现义务教育均衡化、高中阶段教育优质化、职业技术教育体系化、高等教育普及化。高中阶段教育毛入学率达到 95% 以上，高等教育毛入学率达到 40% 左右。到 2020 年，全省教育发展整体水平达到全国先进水平，全面建成教育强省和人力资源强省，率先基本实现教育现代化，打造南方教育高地。

录入技巧

1. 单音字特定：到（X：DAO）、化（X：XGW）、强（X：XGINO）、省（XW：XZNE）。
2. 双音略码：达到（W）、发展（X）、水平（W）、全国（W）、南方（W）。
3. 三音略码：现代化。
4. 四音略码：学前教育、义务教育、高等教育。
5. 选词：打造（2）、高地（2）。

练习 3　到 2018 年，平安广东体系全面建成，防范违法犯罪、化解社会矛盾、维护公共安全等各项工作机制进一步健全，公共法律服务实体和信息化平台网络全面覆盖全省城乡，公民的公共法律服务需求和权益得到基本满足和实现。到 2020 年，经济建设和社会建设协调发展，推动实现广东长治久安。

录入技巧

1. 单音字特定：和（X：XG）。
2. 双音略码：安全（W）、工作（W）、得到（X）、满足（W）、经济（X）、建设（X）、推动（W）。
3. 四音略码：违法犯罪、社会矛盾、协调发展、长治久安。
4. 选词：化解（2）、实体（2）。

练习 4　“十三五”期间，全省累计改造棚户区 15 万户（套），力争全面解决人均住房建筑面积 15 平方米以下的城镇低收入住房困难家庭的住房问题。到 2018 年，健全以公租房为主体的住房保障制度体系，全面完成农村危房改造和棚户区住房改造，实现对城镇低收入住房困难家庭的应保尽保。到 2020 年，住房保障体系进一步健全，保障范围和保障水平明显提高。

录入技巧

1. 单音字特定：以（X：I）、公（X：GUEO）、为（X：UE）。
2. 双音略码：困难（X）、问题（X）、完成（X）、农村（W）、水平（W）、明显（X）、提高（X）。
3. 选词：期间（1）、主体（2）。
4. 捆绑：棚户区。
5. 联词消字：低（涡）。
6. 后置成分：制度。

练习 5　到 2018 年，建立健全不同类型养老保险制度之间的衔接机制，继续巩固城乡居民养老保险全覆盖成果，养老保险待遇水平逐步提高，形成城乡统筹、覆盖城乡居民的生活保障体系。到 2020 年，社会保障城乡并轨，完善社会保险关系跨区域转移接续政策，促进城乡、区域、行业和群体间保障标准水平衔接平衡，基本实现社会保险法定人员全覆盖。

录入技巧

1. 单音字特定：到（X：DAO）、全（X：XWIUNE）、间（X：GINA）。
2. 双音略码：类型（X）、水平（W）、提高（X）、形成（W）、生活（W）、关系

（X）、促进（W）、群体（X）。

3. 四音略码：建立健全、社会保障、社会保险。

4. 后置成分：制度、社会。

5. 捆绑：跨区域。

6. 选词：并轨（2）。

三、法律类

（一）考核方式与评价标准

以下 5 个练习片段分为 40、50、60 三个不同的速度，首先将 40 速的听打完成，准确率要求 97%，课下将 50 速、60 速的完成。

（二）练习与录入技巧

练习 1（129 字）　《刑法》第二百五十三条之一：“违反国家有关规定，向他人出售或者提供公民个人信息，情节严重的，处三年以下有期徒刑或者拘役，并处或者单处罚金；情节特别严重的，处三年以上七年以下有期徒刑，并处罚金。”“窃取或者以其他方法非法获取公民个人信息的，依照上述规定处罚。”

录入技巧

1. 单音特定字：

W 字：第

XW 字：处

2. 略码：国家　有关　规定　或者　严重　特别　其他　方法

3. 选词：并处（2）　单处（2）　处罚（2）

4. 捆绑：有期徒刑

经验分享

本文涉及众多中文数字大写，可以先对这些中文数字进行训练，然后再全篇训练。

练习 2（140 字）　记者从日前召开的 2017 中国国际商标品牌节高峰论坛上获悉，2016 年，全国工商和市场监管部门共查处各类商标违法案件 2.8 万余件，涉案金额 3.5 亿元。今年上半年，全系统查处商标侵权假冒等违法案件 1.3 万件，案值 1.42 亿元；移送司法机关案件 63 件，对商标侵权假冒行为形成了有力震慑。

录入技巧

1. 单音特定字：

X 字：和

W 字：万　件　案

2. 略码：召开　中国　全国　形成　司法机关

3. 选词：查处（2）　案值（2）

4. 捆绑：万余件

5. 后置高频双音词：系统

经验分享

这篇小短文的录入，涉及部分阿拉伯数字。可以在练习的时候，先对这些数字进行训练，然后再全篇训练。

练习 3（135 字）　将尊重和保障人权作为治国原则写入宪法，是对社会主义建设理论和实践的一大创新，是对马克思主义的丰富和发展，它符合当代中国的实际和世界的潮流，体现了共产党对执政规律、社会主义建设规律和人类社会发展规律的新认识，是在政治理念上体现时代性、把握规律性、富有长期性的一个重要表现。

录入技巧

1. 单音特定字：

X 字：和

2. 联词消字：它（的）

3. 选词：理念（2）

4. 略码：作为　原则　潮流　规律　发展　重要　表现　社会主义建设　理论和实践　丰富和发展　共产党

5. 捆绑：规律性

6. 后置高频双音词：世界　社会

经验分享

多音略码在快速录入文章中是非常好用的。大家在练习的时候可将出现的多音略码词语进行收集整理以便更好地运用，提高录入速度。

练习 4（182 字）　记者日前从陕西省司法厅获悉，今年 9 月是陕西省确定的第十个法律援助宣传服务月，陕西省司法厅下发通知要求，全省各级司法行政部门和法律援助机构要以“法律援助助推精准扶贫”为主题，通过结对帮扶贫困村、贫困户，开展村务法律体检、专家门诊，脱贫项目法律服务，排查化解矛盾纠纷，法制宣传等活动，实现贫困户法律援助全覆盖、贫困村法律援助联络站全覆盖的“双覆盖”工作目标。

录入技巧

1. 单音特定字：

X 字：以　对　帮

2. 联词消字：结（果）　扶（贫）

3. 选词：法治（2）

4. 略码：确定　要求　开展　工作

5. 后置高频双音词：矛盾　活动

6. 造词：结对帮扶

经验分享

在录入过程中，可以把一些常用的、高频出现的词语通过造词的方式解决。如本文中的“结对帮扶”，需要通过联词消字的方式录入“结”“扶”，通过单音特定字的方式录入“对”“帮”，这样不利于快速录入。通过造词，只要连续击打这四个字的音节码即可完成。

练习 5（220 字）　广东省高级人民法院首次向社会公开发布服务和保障金融稳定发展十大典型案例。此次发布的十个典型案例，涉及刑事、民事、执行等不同案件类型，涵盖网络借贷、期货交易、估值调整、网络盗刷、让与担保、融资租赁、金融不良债权处置、独立保函追偿权、非法吸收公众存款、网贷平台集资诈骗等与金融发展息息相关的内容，充分展现了人民法院在引导和规范金融交易，整治资本融投资市场，保障互联网金融健康发展，支持金融创新改革等方面的积极作用和重要功能〔1〕。

录入技巧

1. 单音特定字：

W 字：权

2. 连词消字：盗（窃）、保（持）、（信）函、网（络）、融（合）、贷（方）

3. 略码：类型　调整　内容　充分　投资　改革　方面　作用　重要　稳定发展　息息相关　人民法院　健康发展　高级人民法院

4. 选词：借贷（2）、估值（6）、整治（2）

5. 后置高频双音词：社会

6. 捆绑：期货交易　展现了

7. 三音消字：刑事（案）

---

〔1〕 潘玲娜、黄海磊、陈明蔚：“广东高院发布服务金融发展典型案例”，载广东法院网 http：//www. gdcourts. gov. cn/web/content/38583 – ？ lmdm = 2002，最后访问时间：2018 年 7 月 2 日。

四、社会综合类

（一）考核方式与评价标准

以下5个练习片段全都为听打文章，速度分为40、50、60，根据不同的练习进度，准确率要求达到97%。

（二）练习与录入技巧

练习1 作为能够代表中国未来的城市，深圳对一流大学的渴望不难理解；通过合作办学的模式引进国内外名校，也不失为充满深圳智慧与实干精神的捷径。然而，深圳的“大学计划”仍要遵循教育的规律，平衡各方利益，并拿出百年大计的恒心。毕竟中国高等教育大幅扩张的时机已经过去了，目前已进入内涵式发展阶段。

录入技巧

1. 单音字特定：对（X：DUE）、也（X：IE）、不（X：B）、为（X：UE）、与（W：IU）、已（W：I）。
2. 双音略码：作为（W）、能够（W）、代表（W）、中国（W）、通过（W）、规律（W）、已经（X）、目前（W）、发展（X）。
3. 四音略码：百年大计、高等教育。
4. 联词消字：失（去）、（格）式。
5. 选词：智慧（2）、捷径（3）、大幅（4）、时机（3）。

练习2 “佛山美术馆联盟”于2016年4月20日成立，首批成员单位共13家。联盟成立后，通过共同举办数十场活动、建立统一宣传平台，现已初步形成了合力，树立起佛山公办民营艺术机构和美术场馆的整体形象，在培育艺术家和拓宽艺术市场方面作出了积极的探索，努力做好佛山艺术的孵化器。

录入技巧

1. 单音字特定：于（X：IU）、共（W：GUEO）、后（X：XGEO）、在（X：DZIO）。
2. 双音略码：单位（W）、通过（W）、宣传（W）、形成（W）、方面（X）、努力（X）。
3. 联词消字：场（子）、起（来）。
4. 选词：现已（6）、合力（2）。

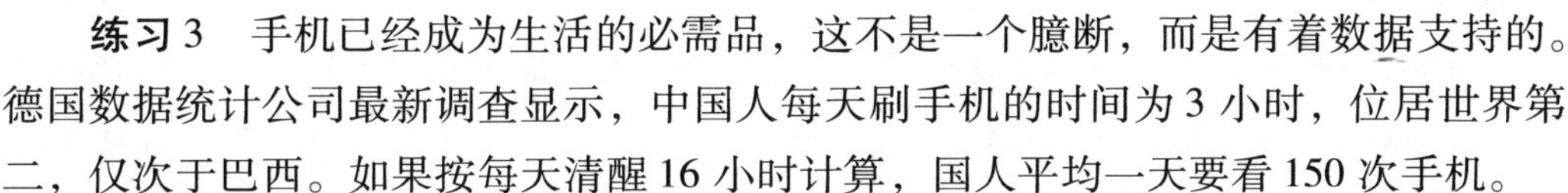

练习 3　手机已经成为生活的必需品，这不是一个臆断，而是有着数据支持的。德国数据统计公司最新调查显示，中国人每天刷手机的时间为 3 小时，位居世界第二，仅次于巴西。如果按每天清醒 16 小时计算，国人平均一天要看 150 次手机。

录入技巧

1. 单音字特定：人（X：XBZN）、次（W：BDZ）。

2. 双音略码：已经（X）、成为（X）、生活（W）、德国（W）、调查（X）、中国（W）、如果（W）、平均（W）。

3. 三音略码：必需品。

4. 联词消字：手机（号/卡）。

5. 选词：臆断（3）、清醒（2）、显示（2）。

6. 后置成分：世界。

7. 捆绑：仅次于。

练习 4　团中央关注单身青年，并非是“包办婚姻”。事实上，正如团中央书记处常务书记贺军科所言，“主要是从营造环境、创造机会的角度”，为青年交流、沟通打开方便的大门。说白了，就是牵个线、搭个桥，那些自嘲说“96 年空巢老人坐等国家分配对象”，恐怕是会错了意。

录入技巧

1. 单音字特定：团（X：BDUNA）、军（W：GIUN）、个（W：G）、说（X：XZO）。

2. 双音略码：青年（X）、主要（X）、环境（X）、创造（X）、就是（X）、国家（W）、对象（X）。

3. 三音略码：事实上。

4. 四音略码：包办婚姻。

5. 联词消字：（祝）贺、科（技）、牵（引）、线（路）、搭（配）、桥（梁）、意（义）。

练习 5　日前有网友发帖称，11 日晚，北京瓢泼大雨，浑身被浸透的外卖小哥，举着电话在说着什么，客户在催单，他一面解释一面走出台阶，刚出去又缩了进来，狂风卷着暴雨砸向头顶。他抬眼看了一下天空，犹豫了一下，还是钻进了雨里……一时间外卖小哥被雨浸透的背景感动无数网友，有网友说，生活不易，遇到极端天气请多理解外卖小哥。

录入技巧

1. 单音字特定：有（X：IEO）、称（X：BZNE）、被（X：BE）、在（X：ZDIO）、说（X：XZO）、着（X：ZE）、他（X：BDA）、又（XW：IEO）、向（X：XINO）、里（X：XDI）。

2. 双音略码：北京（X）、电话（W）、什么（X）、出去（W）、还是（X）、时间（X）、生活（W）。

3. 四音略码：瓢泼大雨。

4. 选词：网友（2）、发帖（3）、浸透（2）、犹豫（4）、背景（2）、不易（6）、遇到（1）。

5. 联词消字：催（促）、单（位）、刚（才）、缩（小）、卷（宗）、砸（烂）、抬（头）、眼（睛）、雨（水）。

经验分享

通过段落的练习我们可以更好地加快手指击键的频率，也会积累更多的技巧，段落中涉及的技巧有双音略码、三音略码、四音略码、多音略码、单音字特定、联词消字以及选词，对这些技巧的积累可为击打文章的连贯性做好铺垫。

项目三　文章的练习

一、政治类

（一）考核方式与评价标准

以下4个练习片段分为40、50、60三个不同的速度，首先将40速的听打完成，准确率要求97%，课下将50速、60速的完成。

（二）练习与录入技巧

练习1　中国共产党党章第二条，中国共产党党员是中国工人阶级的有共产主义觉悟的先锋战士。

中国共产党党员必须全心全意为人民服务，不惜牺牲个人的一切，为实现共产主义奋斗终身。

中国共产党党员永远是劳动人民的普通一员。除了法律和政策规定范围内的个人利益和工作职权以外，所有共产党员都不得谋求任何私利和特权

录入技巧

1. 单音字特定：都（X：DEO）。

2. 双音略码：中国（W）、必须（W）、一切（X）、永远（W）、劳动（W）、人民（W）、普通（W）、规定（X）、所有（W）。

3. 四音略码：共产党员。

4. 多音略码：中国共产党、为人民服务。

5. 联词消字：员（额）。

6. 捆绑：先锋战士、全心全意。

7. 后置成分：工人阶级、共产主义。

8. 选词：私利（3）。

练习2 认真学习马克思列宁主义、毛泽东思想、邓小平理论和“三个代表”重要思想，学习科学发展观，学习党的路线、方针、政策和决议，学习党的基本知识，学习科学、文化、法律和业务知识，努力提高为人民服务的本领。

贯彻执行党的基本路线和各项方针、政策，带头参加改革开放和社会主义现代化建设，带动群众为经济发展和社会进步艰苦奋斗，在生产、工作、学习和社会生活中起先锋模范作用。

录入技巧

1. 单音字特定：和（X：XG）。

2. 双音略码：代表（W）、重要（X）、思想（X）、学习（X）、发展（X）、路线（X）、文化（W）、努力（X）、提高（X）、参加（X）、群众（W）、生产（X）、工作（W）、作用（X）。

3. 四音略码：认真学习、贯彻执行、基本路线、改革开放、经济发展、艰苦奋斗、社会生活。

4. 多音略码：马克思列宁主义、毛泽东思想、邓小平理论、为人民服务、现代化建设。

5. 联词消字：观（音）、起（来）。

6. 选词：知识（2）。

7. 后置成分：社会主义。

练习3 申请入党的人，要填写入党志愿书，要有两名正式党员作介绍人，要经过支部大会通过和上级党组织批准，并且经过预备期的考察，才能成为正式党员。

介绍人要认真了解申请人的思想、品质、经历和工作表现，向他解释党的纲领和党的章程，说明党员的条件、义务和权利，并向党组织作出负责的报告。

党的支部委员会对申请入党的人，要注意征求党内外有关群众的意见，进行严格的审查，认为合格后再提交支部大会讨论。

录入技巧

1. 单音字特定：的（X：D）、人（X：XBZN）、要（X：IAO）、书（W：XZU）、作（X：ZDO）、党（W：DNO）、期（W：XGI）、对（X：DUE）、后（X：XGEO）、再（W：DZIO）。

2. 双音略码：经过（W）、通过（W）、并且（X）、才能（X）、成为（X）、了解（X）、思想（X）、工作（W）、表现（W）、说明（X）、条件（W）、权利（X）、负责（W）、有关（W）、群众（W）、进行（W）、讨论（W）。

3. 选词：志愿（3）、经历（2）。

练习4 党的上级组织要经常听取下级组织和党员群众的意见，及时解决他们提出的问题。党的下级组织既要向上级组织请示和报告工作，又要独立负责地解决自己职责范围内的问题。上下级组织之间要互通情报、互相支持和互相监督。党的各级组织要按规定实行党务公开，使党员对党内事务有更多的了解和参与。

党的各级委员会实行集体领导和个人分工负责相结合的制度。凡属重大问题都要按照集体领导、民主集中、个别酝酿、会议决定的原则，由党的委员会集体讨论、作出决定；委员会成员要根据集体的决定和分工，切实履行自己的职责。

录入技巧

1. 单音字特定：地（X：DI）、按（X：NA）、使（X：XZ）、对（X：DUE）、有（X：IEO）、会（X：XGUE）、凡（X：XBUNA）、由（W：IEO）。

2. 双音略码：群众（W）、解决（X）、他们（X）、提出（W）、问题（X）、工作（W）、独立（X）、负责（W）、自己（W）、规定（X）、了解（X）、委员（W）、领导（X）、按照（X）、领导（X）、民主（W）、决定（X）、原则（X）、讨论（W）、根据（W）、切实（X）、履行（X）。

3. 四音略码：互相监督。

4. 联词消字：既（是）、属（于）。

5. 选词：请示（2）、互通（2）、事务（2）

二、经济类

（一）考核方式与评价标准

以下5个练习片段分为40、50、60三个不同的速度，首先将40速的听打完成，准确率要求97%，课下将50速、60速的完成。

（二）练习与录入技巧

练习1　本报北京4月7日电　银监会近日印发指导意见，督促银行业回归服务实体经济本源，要求商业银行严格遵守信贷、同业、理财、票据、信托等业务相关监管规定，提高产品和服务透明度。同时杜绝违法违规行为和市场乱象，切实查纠参与方过多、结构复杂、链条过长、导致资金脱实向虚的交易业务，确保金融资源流向实体经济。

银行业金融机构应在支持供给侧结构性改革方面重点开展工作，深入实施差异化信贷政策和债权人委员会制度；多种渠道盘活信贷资源，加快处置不良资产；因地因城施策，促进房地产市场长期稳健发展；积极稳妥开展市场化债转股。

为给银行业更好地服务实体经济营造有利条件，监管机构、银行业金融机构和银行业自律组织要完善相关基础设施和优化外部环境，加强信用信息归集共享与守信联合激励，完善多方合作的增信和风险分担机制，加大逃废债打击力度。

录入技巧

1. 单音字特定：电（W：DINA）、查（W：BZA）、过（X：GO）、长（X：BZNO）、向（X：XINO）、因（X：IN）、地（X：DI）、给（X：GE）、与（W：IU）、信（W：XIN）。

2. 双音略码：北京（X）、经济（X）、要求（W）、遵守（W）、规定（X）、提高（X）、产品（X）、切实（X）、复杂（X）、改革（W）、方面（X）、开展（X）、工作（W）、深入（W）、委员（W）、加快（W）、促进（W）、长期（X）、发展（X）、条件（W）、基础（X）、环境（X）、加强（X）。

3. 三音略码：债权人、房地产。

4. 四音略码：商业银行、金融机构、监管机构。

5. 捆绑：银监会、债转股。

6. 选词：近日（2）、印发（2）、指导（2）、实体（2）、实施（2）、盘活（2）、稳健（3）、归集（3）、激励（3）。

7. 联词消字：象（舞）、纠（正）、方（面）、脱（离）、实（际）、虚（伪）、增（长）、逃（犯）、废（物）、债（务）、城（市）、（恩）施、策（划）。

练习2　所谓循环经济，本质上是一种生态经济，它要求运用生态学规律而不是机械论规律来指导人类社会的经济活动。与传统经济相比，循环经济的不同之处在于：传统经济是一种由“资源—产品—污染排放”单向流动的线性经济，其特征是高开采、低利用、高排放。

在这种经济中，人们高强度地把地球上的物质和能源提取出来，然后又把污染和废物大量地排放到水系、空气和土壤中，对资源的利用是粗放的和一次性的，通过把资源持续不断地变为废物来实现经济的数量型增长。与此不同，循环经济倡导的是一种与环境和谐的经济发展模式。

它要求把经济活动组织成一个“资源—产品—再生资源”的反馈式流程，其特征是低开采、高利用、低排放。所有的物质和能源要能在这个不断进行的经济循环中得到合理和持久的利用，以把经济活动对自然环境的影响降低到尽可能小的程度。

录入技巧

1. 单音字特定：而（X：XE）、与（W：IU）、由（W：IEO）、其（X：XGI）、高（X：GAO）、在（X：DZIO）、地（X：DI）、把（X：BA）、此（X：BDZ）、成（W：BZNE）、以（X：I）、小（X：XIAO）

2. 双音略码：所谓（X）、经济（X）、要求（W）、运用（X）、规律（W）、传统（W）、在于（X）、产品（X）、利用（X）、人们（X）、出来（X）、然后（W）、空气（X）、利用（X）、通过（W）、持续（X）、变成（X）、数量（X）、增长（W）、环境（X）、所有（W）、进行（W）、得到（X）、持久（W）、自然（X）、影响（W）、程度（W）。

4. 三音略码：尽可能。

5. 四音略码：经济发展。

6. 联词消字：它（的）、低（涡）、型（心）、（格）式。

7. 选词：指导（2）、线性（3）、水系（2）。

练习 3　基本公共服务均等化是中央作出的一项重大战略决策，推进基本公共服务均等化，既是人民群众的迫切愿望，也是广东加快经济社会发展转型和发展方式转变的必然要求。预计“十三五”期间，广东省一般公共预算收入年均增长 8%，一般公共预算支出年均增长 8.5%，同期基本公共服务支出从 7745 亿元增加到 11135 亿元，年均增长 9.5%。全省基本公共服务支出占公共财政预算收入的比重从 2016 年的 74% 提高到 2020 年的 78% 以上，基本公共服务投入占财力的比重稳步提高。

值得注意的是，我省根据“四个坚持、三个支撑、两个走在前列”的要求，将原《纲要》第三阶段调整为两个阶段，原三个阶段调整为四个阶段。四个阶段分别为：2009－2012 年、2013－2015 年、2016－2018 年、2019－2020 年。

《纲要》明确，到2018年，全省率先建立城乡统一的基本公共服务体制，率先实现省内各地区基本公共服务财政保障能力均等化，率先建立基本公共服务多元化供给机制，基本公共服务标准明显提高、服务方便可及、群众比较满意，基本公共服务水平在国内位居前列。到2020年，全省基本建成政府主导、覆盖城乡、功能完善、分布合理、管理有效、可持续的基本公共服务体系，实现城乡、区域和不同社会群体间基本公共服务制度的统一、标准的一致和水平的均衡，实现人人平等地享受基本公共服务。

录入技巧

1. 单音字特定：化（X：XGW）、从（X：BDZUEO）、到（X：DAO）、占（X：ZNA）、将（X：GINO、原（X：IUNA）、各（X：G）、可（X：XBG）、间（X：GI-NA）、地（X：DI）

2. 双音略码：人民（W）、群众（W）、加快（W）、经济（X）、发展（X）、一般（W）、增长（W）、增加（X）、提高（X）、投入（W）、根据（W）、要求（W）、调整（X）、明确（W）、地区（W）、能力（X）、明显（X）、比较（X）、水平（W）、政府（W）、管理（W）、持续（X）、群体（X）。

3. 四音略码：社会发展、必然要求。

4. 多音略码：值得注意的是。

5. 选词：期间（1）、支出（2）、支撑（2）。

6. 联词消字：及（时）。

练习4　据省财政厅有关负责人介绍，《纲要》在贯彻国家规划的基础上，对广东基本公共服务均等化改革实践中进行总结提炼，专门增加“基本公共服务制度”部分，明确广东推进基本公共服务均等化需构建的六大实施机制，即产品供给机制、服务清单机制、公平共享机制、需求导向机制、工作创新机制、监督评估机制等。

同时，还明确了基本公共服务清单，编制《“十三五”广东省基本公共服务清单》，覆盖就业保障、生活保障、医疗保障、住房保障、生态环境保障、公共教育、公共卫生、公共文化体育、公共交通、公共安全等十大领域共104个服务项目。每个服务项目包括服务对象、服务内容和标准、支出责任、主责单位等构成要件。在确保广东基本公共服务范围和标准不低于国家要求的基础上，增加基本公共服务项目并适当提高部分项目服务标准。

“这突出了广东特色。”有关负责人以服务清单编制为例介绍，我省在国家清单项目的基础上，增加切实可行的必要项目，国家服务清单共81项，广东服务清单为

104 项。另外在规划范围上，国家规划包含公共教育、劳动就业服务、社会保障、基本社会服务、医疗卫生、住房保障、公共文化体育、残疾人公共服务八个领域，广东规划则包括就业保障、生活保障、医疗保障、住房保障、公共教育、公共卫生、公共文化体育、公共交通、生态环保、公共安全十个领域。

录入技巧

1. 单音字特定：据（X：GIU）、省（XW：XZNE）、上（X：XZNO）、对（X：DUE）、中（X：ZUEO）、需（X：XIU）、即（XW：GI）、还（X：XGIO）、共（W：GUEO）、主（W：ZU）、在（X：DZIO）、并（X：BINE）、为（X：UE）。

2. 双音略码：有关（W）、国家（X）、基础（X）、改革（W）、进行（W）、专门（X）、增加（X）、明确（W）、部分（W）、产品（X）、工作（W）、生活（W）、文化（W）、安全（W）、包括（W）、对象（X）、内容（W）、责任（W）、单位（W）、构成（W）、要求（W）、有关（W）、切实（X）、劳动（W）。

3. 四音略码：生活保障、生态环境、切实可行、社会保障。

4. 联词消字：责（任）、例（如）、项（目）。

5. 选词：实践（2）、构建（2）、实施（2）、支出（2）。

练习 5　第十二届北京文博会以“文化科技融合，传承创新发展”为主题，将举办综合活动、展览展示、推介交易、论坛会议、创意活动、分会场六大系列百余场活动，并搭建官方互联网展示平台。联合国教科文组织、欧盟—中国“一带一路”文化旅游发展委员会、国际多媒体协会和世界贸易中心协会 4 个国际组织，俄罗斯、美国、德国、法国、荷兰、波兰、澳大利亚等 63 个国家和地区的 86 个境外代表团组参展参会；天津、河北、山西、内蒙古、黑龙江、安徽、西藏、新疆等 23 个省区市、计划单列市组团参展参会。

北京市委常委、宣传部部长杜飞进在致辞中说，北京文博会创办于 2006 年，11 年来已经成为具有广泛影响的国际文化创意产业盛会。当前，北京文化建设开启了新航程。以习近平同志为核心的党中央，赋予北京“四个中心”的城市战略定位，全国文化中心是其中之一。习总书记两次视察北京重要讲话精神和对北京工作一系列重要指示，都对北京文化建设提出了明确要求，为我们指明了方向，提供了遵循。市第十二次党代会把文化中心建设摆上更加重要的位置，蔡奇同志强调，北京进入新的发展时期，全国文化中心建设的分量更重了，责任更大了。

录入技巧

1. 单音字特定：第（W：DI）、以（X：I）、将（X：GINO）、团（X：BDUNA）、部（W：B）、于（X：IU）、新（X：XIN）、把（X：BA）。

2. 双音略码：北京（W）、文化（W）、发展（X）、贸易（X）、德国（W）、法国（W）、代表（W）、宣传（W）、年来（X）、已经（X）、成为（X）、具有（W）、广泛（W）、影响（W）、建设（X）、同志（X）、全国（W）、重要（X）、提出（W）、明确（W）、要求（W）、我们（X）、强调（X）、责任（W）。

3. 三音略码：联合国、内蒙古、黑龙江、党中央、一系列。

4. 四音略码：澳大利亚。

5. 多音略码：教科文组织、国家和地区、重要讲话精神。

6. 联词消字：杜（牧）、习（武）、市（尺）、蔡（恩）、奇（特）。

7. 选词：展示（4）、山西（2）、飞进（1）、致辞（3）、盛会（2）、赋予（3）、指示（3）。

三、法律类

（一）考核方式与评价标准

以下 4 个练习片段分为 40、50、60 三个不同的速度，首先将 40 速的听打完成，准确率要求 97%，课下将 50 速、60 速的完成。

（二）练习与录入技巧

练习 1（285 字）　人民网北京 9 月 2 日电 据福建仙游县公安局官方微博消息，9 月 1 日 17 时 40 分左右，福建仙游县盖尾镇一乡村客运车辆发生坠桥事件。22 时 5 分许，仙游县盖尾镇村民陈某美（女，1976 年 10 月出生），在未经证实的情况下，在微信聊天群内传播“盖尾校车事故，消息封锁，31 人篡改为 17 人，遇难 16 人改为 2 人，少报、谎报，还抢孩子尸体”的谣言，引发网络谣传，造成恶劣影响。9 月 2 日，仙游县公安局将其抓获，陈某美对自己虚构事实、散布谣言的行为供认不讳。根据《中华人民共和国治安管理处罚法》第 25 条第 1 项规定，仙游县公安局对陈某美涉嫌虚构事实扰乱公共秩序处以行政拘留 10 日的处罚。[1]

录入技巧

1. 单音特定字：

X 字：据 女 经 以

W 字：电 时 第

XW 字：处

2. 联词消字：微（微）　博（士）　坠（落）　许（多）　美（丽）　未（可）

〔1〕《福建仙游一村民散布“客车坠桥事件”谣言被拘留》，载人民网 http://legal.people.com.cn/n1/2017/0902/c42510-29511151.html，最后访问时间：2018 年 7 月 1 日。

校（内） 谎（言） 抢（夺） 项（目）

3. 选词：事件（3） 证实（3） 处罚（2）

4. 略码：北京 情况 传播 影响 自己 管理 规定 扰乱 造成 根据 供认不讳 行政拘留 中华人民共和国

5. 捆绑：人民网 仙游县

6. 分开单击：少报 将其

7. 造词：微博

8. 自定义：福建仙游县盖尾镇 仙游县盖尾镇

经验分享

本篇中涉及一些地名，可以采用自定义的方式处理以提高录入速度。

练习2（289字） 被告人张XX以非法占有为目的，两次伙同他人共同使用暴力手段劫取他人财物，致二人死亡，其行为已构成抢劫罪。公诉机关指控的犯罪事实清楚，证据确实、充分，抢劫罪罪名成立，本院予以支持，唯认定被告人张XX还构成故意杀人罪不当，本院予以纠正。虽然被告人张XX归案后如实供述了司法机关尚未掌握的同种罪行，对该宗抢劫犯罪可以酌情从轻处罚，但张XX伙同同案人参与两次抢劫，并致两名被害人死亡，其罪行极其严重，情节极其恶劣，依法应当判处死刑。被告人张XX伙同同案人周XX因共同抢劫行为致被害人连XX死亡，造成附带民事诉讼原告人连X华、连X天、连X芸直接经济损失，应当与周XX共同承担连带赔偿责任。

录入技巧

1. 单音特定字：

X字：因

W字：已

2. 联词消字：张（某） 劫（匪） 取（得） 唯（一） 宗（亲） 致（死） 周（某） 连（队） 华（人） 芸（苔）

3. 略码：目的 充分 构成 虽然 造成 经济 损失 责任 被告人 司法机关 从轻处罚 民事诉讼 故意杀人罪

4. 选词：财物（2） 本院（4） 如实（2） 供述（4）

5. 强制上屏：同种（罪行）

经验分享

有些词语在录入过程中，会产生捆绑导致前面录入的字、词发生跳转。例如本篇当中的“同种罪行”，录入“罪行”一词后，前面已经录入的“同种”会跳转为“同中”，这时就需要将“同种”一词强制上屏后再录入“罪行”。“雾霾天气”“普林斯顿”等都属于这种情况，大家在练习的时候可将这类词语收集整理以便更好地应用，提高录入速度。

练习3（390字）　2003年8月，徐某持复旦大学信息和国际金融专业双学士学位到张江高科技园区内的一家电子公司谋到了一份人事经理兼总裁助理的工作，每月工资为9000元。此后在公司工作的四年内，徐女士的工资又逐步增加到13000元。2007年2月，公司与徐女士提前解除劳动关系，双方签订了解除劳动合同的协议。公司为此支付了徐女士相当于四个月工资标准的经济补偿金和一个月替代工资期工资共计65000元作为补偿。同年9月4日，公司向复旦大学核实，得知徐某从未在复旦大学就读。

法院审理认为，徐某向公司提供了虚假的学历证明，在此基础上双方订立了劳动合同，故劳动合同应属无效。由于劳动合同的无效，解除劳动合同协议也为无效合同，徐女士理应返还据此收取的补偿金。2008年5月12日，上海市第一中级人民法院终审认定徐某与某公司的劳动合同无效，判令徐某返还经济补偿金等近7万元。[1]

录入技巧

1. 单音特定字：

X字：应

W字：元　与

XW字：又

2. 联词消字：徐（徐）　持（续）　谋（划）　兼（任）　（日）期　属（于）近（似）

3. 略码：工作　增加　双方　劳动　经济　作为　基础　由于　劳动关系　中级人民法院

4. 选词：园区（4）　人事（3）　助理（2）　解除（2）　核实（3）　学历（2）　订立（2）　终审（2）

5. 捆绑：复旦大学

6. 分开单击：在此　也为

练习4（530字）　近日，经党中央、国务院同意，中共中央宣传部、文化部、中央机构编制委员会办公室、财政部、人力资源和社会保障部、国家文物局、中国

〔1〕“人民法院报案例精选笔记之劳动合同”，载豆丁网 http://blog.sina.com.cn/s/blog_85682881010111g2.html，最后访问时间：2018年7月2日。

科学技术协会联合印发《关于深入推进公共文化机构法人治理结构改革的实施方案》，部署推动在公共图书馆、博物馆、文化馆、科技馆、美术馆等建立以理事会为主要形式的法人治理结构。

《实施方案》指出，要认真落实党中央、国务院决策部署，以促进公共文化事业发展为目标，以公共图书馆、博物馆、文化馆、科技馆、美术馆为重点领域，推动公共文化机构建立以理事会为主要形式的法人治理结构，吸纳有关方面代表、专业人士、各界群众参与管理，落实法人自主权，进一步提升管理水平和服务效能，增强活力，为人民群众提供更加优质高效的公共文化服务。

《实施方案》明确，要坚持党的领导、把握正确方向，转变职能、政事分开，立足实际、分类实施，坚持公益、提升效能的基本原则，到2020年底，全国市（地）级以上规模较大、面向社会提供公益服务的公共图书馆、博物馆、文化馆、科技馆、美术馆等公共文化机构，基本建立以理事会为主要形式的法人治理结构，决策、执行和监督机制进一步健全，相关方权责更加明晰，运转更加顺畅，活力不断增强，群众对公共文化的获得感明显提升。[1]

录入技巧

1. 单音特定字：

X字：以

W字：部　与

2. 联词消字：（省）市　级（别）　方（面）　感（到）

3. 略码：委员　国家　中国　深入　推动　改革　主要　形式　促进　文化　发展　代表　群众　管理　落实　水平　人民　明确　领导　全国　明显　党中央　国务院　办公室　中共中央　中央机构　社会保障　基本原则　科学技术　认真落实　有关方面　专业人士　公共图书馆

4. 选词：近日（2）　印发（2）　实施（2）　政事（4）　公益（2）

5. 捆绑：宣传部　文化部　理事会

练习5（659字）　近期，大学生求职误入传销的新闻，牵动着世人的神经。当地政府部门表示决战非法传销团伙，“打不净，不罢手、不收兵”。然而，在严厉打击传销的同时，另一个问题也不应被忽视，那就是大学生为何屡屡堕入传销深渊。

〔1〕“中宣部文化部等七部门联合印发实施方案 推进公共文化机构法人治理结构改革”（有删节），载人民网 http：//hi. people. com. cn/n2/2017/0909/c231187－30713422. html，最后访问时间：2018年9月9日。

据报道，有的传销组织已经将主要目标放在了大学生身上，而在不少被解救的受骗者中，大学生竟然占了相当的比重。

大学生为什么会成了“弱势群体”？想必正如不少人提到的那样，现在不少学生知识知道不少，常识却了解不多，以至于“突然”走进社会，就不知所措，容易走入“无常”。

“钱多、活少、离家近”这是现在不少毕业生内心最渴望的工作状态。但是，天下没有免费的午餐，多劳多得、少劳少得、不劳不得，这些道理都是社会分配的基本原则和基础常识。常识一旦被忽略，就会滋生问题。

此外，互联网的影响也是不可忽略的。网络上，人们能更加便捷地获取知识、传递信息、实现交流，拓展了学习的时间和空间边界。但不可否认，网上知识一般都是碎片化的，很难提升人的思考水平和思辨能力，且长期接触容易滋生思考惰性，陷于肤浅、习惯轻信；网络交流也多是浅层次、与现实脱节的，缺少人与人面对面交流、相处等带来的情感体验，影响人格的健全发展。此外，网上各种一夜暴富、耸人听闻的事件和观点，也容易对那些急于改变自身命运的大学生形成误导，助长浮躁风气。所以，对心智尚未完全成熟的大学生来讲，少一些在虚拟世界的沉迷和轻信，多一些走入火热现实生活的体验和实践，拉近自身与真实社会的距离，不是可有可无的“选修课”，而是不可或缺的“必修课”，这不仅是为毕业做准备，更是为人生打基础。[1]

录入技巧

1. 单音特定字：

X 字：据　活　化　且

W 字：打　者　与　做

2. 连词消字：误（区）　（干）净　（距）离　家（里）　近（似）　劳（动）　夜（晚）

3. 略码：学生　政府　表示　问题　就是　已经　主要　群体　那样　现在　知道　了解　突然　现在　工作　状态　但是　没有　这些　基础　影响　人们　学习　时间　否认　一般　水平　能力　发展　此外　改变　形成　生活　准备　为什么　不知所措　耸人听闻　可有可无　多劳多得　少劳少得　基本原则　免费的午餐

4. 选词：传销（2）　世人（3）　罢手（3）　收兵（3）　屡屡（3）　想必（2）　知识（2）　无常（3）　便捷（3）　思辨（2）　陷于（2）　轻信（2）　网上（2）　暴富（4）　事件（3）助长（4）　心智（3）　拉近（2）

---

〔1〕“大学生为何屡陷传销：沉迷虚拟世界致常识缺乏”（有删节），载中国新闻网 http://www.chinanews.com/sh/2017/09-07/8324523.shtml，最后访问时间：2018 年 9 月 7 日。

5. 捆绑：以至于　浅层次　人与人
6. 分开单击：占了　人的
7. 后置高频双音词：社会　世界

经验分享

在文章中，有些词语需要通过选词才能正确录入。但是选词是需要记忆的，如果自己不能熟练记忆，可以尝试一些其他的更为熟练的方法。例如本篇当中的“无常”，需要选词3，如果用单音特定字录入“无”，用联词消字“常常”录入“常”，这样就可以准确地录入“无常”一词。哪些词语更适合用这些方法，需要依据个人情况认真总结分析。

四、社会综合类

（一）考核方式与评价标准

以下5个练习片段分为40、50、60三个不同的速度，首先将40速的听打完成，准确率要求97%，50速、60速的留为作业。

（二）练习与录入技巧

练习1　出生于武术世家的吴京，6岁就被父亲送到体校练习武术。吴京透露，小时候自己练武非常艰苦，为了练习扎实的基本功，一节课要上三个小时，稍有偷懒就会被教练罚做双倍动作。有一次，吴京因为太累选择逃课，父亲知道后气得一脚把吴京踹飞起来，这一脚，让吴京再也不敢逃课，也为他后来的武术生涯立下了规矩。

在此之后，吴京认真习武，8岁就拿到北京武术队冠军。然而，在各种荣誉和掌声背后，吴京吃苦无数——6岁鼻子断、9岁胳膊断，14岁因为训练意外摔到脊椎，导致下肢瘫痪。

录入技巧

1. 单音字特定：于（X：IU）、岁（W：XZDUE）、就（X：GIEO）、被（X：BE）、有（X：IEO）、做（W：DZO）、也（X：IE）、为（X：UE）、他（X：BDA）、把（X：BA）、飞（W：XBUE）、让（X：XBZNO）、队（W：DUE）、在（X：DZIO）。

2. 双音略码：时候（W）、自己（W）、非常（W）、为了（X）、因为（W）、选择（X）、知道（X）、后来（X）、起来（X）。

3. 捆绑：一节课。

4. 联词消字：稍（微）、罚（款）、逃（避）、课（业）、脚（丫）、踹（人）、断（裂）、摔（倒）。

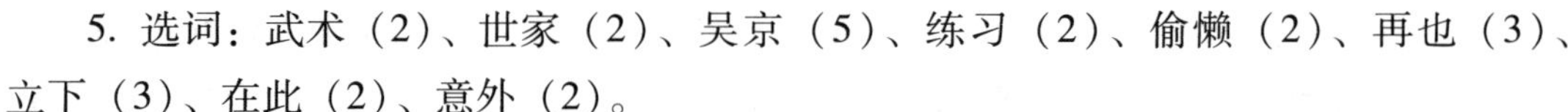

5. 选词：武术（2）、世家（2）、吴京（5）、练习（2）、偷懒（2）、再也（3）、立下（3）、在此（2）、意外（2）。

> **练习 2**　2013 年 4 月，自我国部分地区发现人感染 H7N9 禽流感疫情以来，习近平总书记多次作出批示强调，各地区各部门务必高度重视，坚持把人民群众生命安全和身体健康放在第一位，切实加强疫情防控；
>
> 2015 年 5 月，习近平总书记在中共中央政治局第二十三次集体学习时强调，公共安全连着千家万户，确保公共安全事关人民群众生命财产安全。要牢固树立安全发展理念，自觉把维护公共安全放在维护最广大人民根本利益中来认识。

录入技巧

1. 单音字特定：人（X：XBZN）、第（W：DI）、次（W：DZB）、时（W：XZ）、关（W：GWI）、最（X：DZUE）。

2. 双音略码：我国（W）、部分（W）、地区（W）、强调（X）、人民（W）、群众（W）、安全（W）、切实（X）、加强（X）、学习（X）、广大（X）。

3. 四音略码：高度重视、千家万户、根本利益中。

4. 多音略码：各地区各部门、中共中央政治局。

5. 联词消字：事（物）。

6. 选词：疫情（2）、务必（2）、防控（3）、理念（2）。

> **练习 3**　游戏不是天然的恶，但监管是少不了的关键环节。特别是，当移动互联网的普及化、大众化程度越来越高，手机不仅成了人体的延伸，更是作为一种移动终端集纳了各种各样的功能，如果不从源头、过程中把好关、站好岗，很容易让用户深陷其中而不能自拔，最后受害的就不止用户一人。如此看，“社交游戏”的监管不该只堵不疏，而应树立“大监管”理念，游戏制作方的源头设限、政府部门的审核监管、家庭成员的陪伴监护等，一个不能少。
>
> 正如“王者荣耀”游戏要求团队协作一样，真正让一款游戏成为全民追捧且健康向上的产品，也需要协同的力量。如果开发团队只考虑市场效益和用户数量，对游戏内容和游戏形式放任自流，纵使在短时间内能取得佳绩，也会因过度消费用户而败下阵来。

录入技巧

1. 单音字特定：但（X：DNA）、当（X：DNO）、化（X：XGW）、高（X：GAO）、中（X：ZUEO）、把（X：BA）、好（X：XGAO）、关（X：GWI）、站（W：ZNA）、很（X：XGN）、只（W：Z）、不（X：B）、应（X：INE）、设（W：XZE）、短（X：DUNA）、内（X：XBDE）、能（X：XBDNE）、来（X：XDIO）。

2. 双音略码：程度（W）、作为（W）、如果（W）、过程（W）、不能（X）、最后（W）、政府（W）、要求（W）、真正（X）、成为（X）、产品（X）、需要（X）、考虑（W）、数量（X）、内容（W）、形式（X）、时间（X）。

3. 三音略码：特别是、越来越。

4. 联词消字：恶（心）、手机（号/卡）、集（合）、纳（入）、岗（位）、堵（车）、疏（通）、限（制）、（失）败、阵（地）。

5. 选词：终端（3）、深陷（2）、不止（4）、理念（2）、王者（1）、纵使（4）、佳绩（3）、过度（2）。

练习 4 在任何城市，路途中被无端袭击致伤，都是法律所不允许的。更何况，在一个旅游城市，游人若缺少安全保障，怎能放心舒心？无论法理还是情理，让一座城更文明、更安全，是所有人的共同期盼。由此，对各地来说，加强城市安全的管理实属必要，这不仅能增强市民的安全感，也能提升游人的获得感。从这个意义上说，政府依法守护城市安宁、依法净化旅游环境，一直在路上，也需要久久为功。政府还是要从改善旅游环境入手，不要因为负面新闻一再成为社会热点。

旅游，不仅是从项目中得到乐趣，而且要在环境中舒练身心。很多时候，当人们踏上旅途，满怀欣喜时，却因为当地的“黑导游”、景区消费陷阱、安全隐患等，让原本可能的惊喜成了赤裸裸的惊吓。旅游环境之糟糕，以至于让很多人“累觉不爱”，这的确需要反思。

录入技巧

1. 单音字特定：在（X：DZIO）、中（X：ZUEO）、被（X：BE）、更（X：GNE）、若（X：XBZO）、让（X：XBZNO）、对（X：DUE）、从（X：BDZUEO）、说（X：XZO）、时（W：XZ）、却（X：XGIUE）、之（X：Z）。

2. 双音略码：都是（X）、安全（W）、无论（W）、还是（X）、所有（W）、加强（X）、管理（W）、政府（W）、环境（X）、需要（X）、还是（X）、成为（X）、得到（X）、乐趣（X）、而且（X）、时候（W）、人们（X）、因为（W）、可能（X）。

3. 选词：无端（2）、致伤（3）、游人（2）、舒心（2）、法理（2）、情理（2）、期盼（3）、实属（7）、九九（2）、负面（2）、身心（2）、欣喜（2）、陷阱（2）、惊喜（2）、反思（2）。

4. 捆绑：安全感、以至于。

5. 联词消字：城（市）、功（德）、舒（适）、练（武）、累（计）、觉（得）。

练习 5 街头踩着滑板的少年呼啸而过，欢乐谷骑着小车的男孩在空中翻腾，公园里的大叔正在单杠上做倒立，海面上弄潮儿正踏着浪飞跃……随着全民健身成为风尚，极限运动已不再是年轻人的专属。

在国外，极限运动不仅是一种运动方式和生活方式，也是一种商业模式，它会带来体育、旅游、文化等多方面的收益。在深圳，东部大鹏半岛的冲浪、攀岩等已成为旅游发展板块里不可或缺的内容，但对于极限运动的组织者和爱好者来说，仍然需要面对和解决场地、服务机制、推广等多方面的问题。

录入技巧

1. 单音字特定：着（X：ZE）、而（X：XE）、过（X：GO）、在（X：DZIO）、里（X：XDI）、上（X：XZNO）、做（W：DZO）、正（X：ZNE）、已（W：I）、会（X：XGUE）、等（D：NE）、多（X：DO）、但（X：DNA）、者（W：ZE）。

2. 双音略码：少年（X）、随着（W）、成为（X）、运动（W）、生活（W）、文化（W）、方面（X）、发展（X）、内容（W）、对于（W）、仍然（X）、解决（X）、问题（X）。

3. 选词：街头（2）、滑板（2）、男孩（2）、公园（2）、倒立（2）、不再（2）、专属（6）、大鹏（2）、半岛（2）。

4. 联词消字：踩（踏）、骑（兵）、浪（费）、它（的）。

五、医学类（选择性练习）

（一）考核方式与评价标准

以下 2 个练习片段分为 40、50、60 三个不同的速度，首先将 40 速的听打完成，准确率要求 97%，课下将 50 速、60 速的完成。

（二）练习与录入技巧

练习 1　近期，个别地区出现了不同形式的撤销、合并、改制公立中医医院的现象，不同程度地改变了公立中医医院的机构设置、人员编制、功能定位及其独立运营发展权利，这些做法既不符合《中医药法》等法律法规和深化医改对公立中医医院的设置、功能定位和发展的要求，而且严重影响了中医药事业的发展，降低了人民群众对中医药服务的可得性。

要按照深化医改有关文件精神和政策要求，确保公立中医医院机构不能撤、编制不能减、功能不能弱化，充分发挥其中医药发展的主阵地作用，着力推动中医药振兴发展，为健康中国建设作出应有贡献。各省级中医药管理部门要强化报告意识，对辖区内出现的有关中医医院撤销、合并、改制的情况要及时了解情况，及时向国家中医药管理局汇报，及时依法依政策予以处理。

录入技巧

1. 单音字特定：地（X：DI）、不（X：B）、法（X：BIU）、等（X：DNE）、其（X：XGI）、主（W：ZU）、各（X：G）、对（X：DUE）。

2. 双音略码：地区（W）、形式（X）、现象（W）、程度（W）、改变（X）、独立（X）、发展（X）、权利（X）、这些（X）、有关（W）、要求（W）、而且（X）、严重（W）、影响（W）、人民（W）、群众（W）、按照（X）、不能（X）、作用（X）、推动（W）、中国（W）、建设（X）、情况（W）、了解（X）、国家（X）。

3. 四音略码：法律法规、充分发挥、管理部门。

4. 捆绑：管理局。

5. 选词：公立（7）、医院（1）、医改（2）、省级（W）、意识（2）、辖区（2）。

6. 联词消字：既（是）、撤（离）、减（少）、依（靠）。

练习2 产业规模保持平稳较快增长。在全国生物产业增速放缓的大环境下，深圳市通过一系列规划引导和政策扶持，2016 年深圳生物产业保持了平稳较快增长，产业规模超过2200 亿元，同比增长约 14%，产业增加值同比增长 13.4%，产业规模和增加值增速远高于全国平均水平。从细分的行业来看，以生物基因为主的新兴领域保持了迅猛的增长态势，推动了深圳生物产业新一轮的快速增长，医疗器械转型升级步伐加快，生物医药不断实现突破，服务流通稳步增长。

创新投入持续提高。自“十二五”以来，深圳生物产业研发投入快速增加，年均增长超过 20%。生物产业全行业研发投入占营业收入的比例超过 4%。剔除流通企业的影响后，制造类企业研发投入占营业收入的比例超过 10%，远高于深圳研发投入占 GDP 比重，展现出了新兴产业知识技术密集的特点。

录入技巧

1. 单音字特定：在（X：DZIO）、大（X：DA）、下（X：XIA）、从（X：BDZU-EO）、以（X：I）、自（X：DZ）、全（X：WIUNA）、占（X：ZNA）、后（X：XGEO）。

2. 双音略码：增长（W）、全国（W）、环境（X）、通过（W）、超过（W）、平均（W）、水平（W）、推动（W）、加快（W）、投入（W）、持续（X）、提高（X）、影响（W）、技术（W）、特点（X）。

3. 三音略码：一系列。

4. 四音略码：快速增长。

5. 选词：较快（2）、新兴（2）、剔除（2）、展现（2）、知识（2）。

6. 捆绑：增加值、远高于、新一轮。

7. 联词消字：约（定）。

经验分享

通过文章的练习，其一，可以扩大学生的知识面；其二，可以加强长时间击打的连贯性，以及不同领域知识的辨别；其三，长时间的练习可以锻炼学生的耐力与毅力，这样就可以更好地与实际工作接轨。

附 录

附表一：单音特定字及双音三音略码表

高频特定单音字		双音略码		三音略码
X：	W：	：X	：W	首音节 X：X
				阿拉伯
		爱情	爱国	爱好者
按	案	按照	安全	安理会
			昂贵	
		澳门		奥运会
把		巴黎	爸爸（八月）	芭蕾舞（八路军）
百	白	白色	百万	百分点
半	办	办理	办法	办公室
帮		帮忙	帮助	
报	包	保证	包括	保护人
被	倍	北京	北方	被告人
本		本质	本身	本部门
		崩塌	崩溃	
比	笔	比较	必须	必需品
便	变	变成	变化	辩护人
表	标	表示	表现	标准化
别		别离	别人	憋足劲
		宾客	宾馆	

续表

高频特定单音字		双音略码		三音略码
并	病	并且	病人	并没有
		玻璃	剥削	博览会
不	部	不能	部分	不能不
才	采	才能	采用	财产权
		参加	参考	参加者
		仓促	仓库	
草		操作	操纵	
侧		测定	测量	
层	曾	曾经	层次	
差	查	差别	差距	差不多
		拆卸	拆开	拆墙脚
		产品	产生	颤巍巍
长	厂	长期	长度	常见于
朝	超	潮流	超过	
车		彻底	车间	
陈		沉淀	沉重	沉甸甸
称	成	成为	程度	成活率
吃	尺	持续	持久	吃不上
虫	重	重新	充分	充其量
出	除	出来	出去	出发点
		抽象	仇恨	筹备会
		揣测	揣摩	
穿	船	传播	传统	传染病
闯		创造	创作	创始人
		垂直	吹捧	
		春天	春秋	纯利润
此	次	刺激	此外	
从		从而	从事	

续表

高频特定单音字		双音略码		三音略码
				凑热闹
		促成	促进	促进派
		摧残	摧毁	
村	寸	存在	存贮	
错		刺激	错误	
大	打	大家	达到	大规模
带	代	代替	代表	代用品
但		但是	单位	单方面
当	党	当然	当时	党中央
到	道	到底	道路	到时候
的	得	得到	德国	得罪人
等		等等	等于	等于零
地	第	地方	地区	第一次
点	电	电脑	电话	电视机
调	掉	调查	条件	
定	顶	定理	定律	
动	东	东西	动作	东南亚
都		都是	斗争	斗争性
	度	独立	赌博	独立性
短	段	锻造	锻炼	短训班
对	队	对象	对于	对立面
吨		蹲点	吨位	
多	夺	多少	多数	多方面
		恩情	恩爱	
而		而且	儿童	
法	发	发展	法国	发言人
凡	反	反应	反对	反革命
放	防	方面	方法	房地产

续表

高频特定单音字		双音略码		三音略码
非	飞	飞机	非常	废品率
分	份	分析	分子	分界线
风	封	封建	丰富	丰产田
		佛教	佛祖	
否		否则	否认	否决权
副	富	复杂	负责	服务员
该	改	改变	改革	概念化
干	敢	感到	感觉	感觉到
刚	钢	钢铁	刚才	港澳台
高	搞	告诉	高度	高强度
各	个	革命	各个	革命化
给				
根	跟	根本	根据	
更				
公	共	工业	工作	共产党
够		构造	构成	购买力
故	股	固定	古代	顾不上
挂				
管	关	关系	管理	冠军赛
光	广	广大	广泛	光秃秃
归		规定	规律	规范化
过	国	国家	过程	国务院
				哈尔滨
还	海	还是	孩子	海南岛
汉	含	含量	含有	含水量
行				
好	号	好像	豪华	好容易
和	合	和平	合乎	核试验

续表

高频特定单音字		双音略码		三音略码
黑		黑天	黑暗	黑龙江
很		很小	很快	很难看
横		横行	衡量	
红		红色	宏观	轰炸机
后		后来	后面	候选人
户		忽然	互相	
化	话	化学	划分	划时代
坏				坏分子
换		环境	欢迎	欢送会
黄		荒谬	荒废	
会	回	回来	恢复	会员国
		混淆	混合	婚姻法
活	或	货币	或者	火车站
及	几	基础	技术	积极性
加	假	加强	加快	加拿大
间	件	建设	坚决	柬埔寨
将	讲	将来	讲话	讲排场
较	教	交换	叫做	交易所
节	届	解决	结果	解放军
斤	进	近来	进行	尽可能
经	竟	经济	经过	经济学
就	旧	就是	就要（九月）	就是说
据	举	举行	具有	具体化
卷				
绝		决定	绝对	绝对化
均	军	均匀	军队	军事化
卡				
开		开展	开放	开发区

续表

高频特定单音字		双音略码		三音略码
看		看到	看出	看样子
靠		考验	考虑	
可		可能	客观	科学家
肯		肯定	恳求	肯尼亚
		坑害	坑人	
空		空气	控制	空架子
口		口号	口头	扣帽子
苦	哭	苦难	库存	哭鼻子
		夸大	跨度	
快	块	快餐	快速	
宽		宽大	宽广	
矿		况且	狂欢	
		困难	困苦	
		扩大	扩充	扩大化
拉		拉扯	拉开	拉关系
来		来宾	来源	来得及
蓝		篮球	蓝图	拦河坝
		浪潮	浪费	
老		劳改	劳动	劳动力
了		乐趣	乐观	乐天派
类		类型	类似	雷雨云
		冷藏	冷却	
里	离	利用	例如	利润率
连	联	联系	连续	联合国
两	量	粮食	良好	两手抓
		了解	疗效	了不起
		劣迹	列车	列车员
		临时	邻国	临时工

续表

高频特定单音字		双音略码		三音略码
另	领	领导	领袖	领事馆
流	留	留恋	流动（六月）	留学生
		隆重	垄断	
楼		楼房	漏洞	
路		路线	录用	录像机
率		履行	绿色	旅游业
乱				乱糟糟
		掠夺	略去	略高于
		论证	论述	轮训班
落		落实	落后	逻辑性
马		马上	麻烦	马尼拉
买	卖	买卖	埋头	卖力气
满	漫	漫谈	满足	
忙		盲从	盲人	盲目性
		贸易	茂盛	毛织品
没	每	每年	没有	没什么
		闷热	门口	门市部
		猛烈	猛攻	猛回头
米	密	密切	密谋	
面	棉	面貌	面前	免不了
秒		描写	描绘	
		蔑视	灭亡	
民		民族	民主	民主党
名	命	明显	明确	明细账
			谬论	
末		摩擦	磨损	莫斯科
某		某些	谋划	
亩		目的	目前	穆斯林

续表

高频特定单音字		双音略码		三音略码
那	拿	那么	那样	
乃		耐心	耐用	耐寒性
难	男	难道	南方	男子汉
		脑袋	恼怒	闹革命
内		内勤	内容	内蒙古
能		能力	能够	能动性
你	泥	你们	拟稿	尼泊尔
年		年来	年代	年产量
				娘儿俩
您				
		宁可	宁愿	凝聚力
浓	弄	农民	农村	农产品
		努力	怒容	奴隶制
女		女士	女人	女主人
				暖洋洋
		偶然	欧洲	偶然性
怕		怕死	怕羞	
派	排	排列	排除	派出所
		攀登	判决	判决书
旁		旁边	旁观	旁观者
跑		抛弃	抛售	泡病号
配		配合	培养	陪审员
喷				
碰		膨胀	朋友	
批	皮	批评	批判	批评家
片	篇	偏差	片面	片面性
		飘然	漂亮	飘飘然
		撇下	撇开	

续表

高频特定单音字		双音略码		三音略码
		品种	频率	贫困户
		平行	平均	平方米
破		迫害	破坏	破天荒
		剖析	剖开	剖面图
		普遍	普通	普遍性
其	期	起来	其他（七月）	企业家
		恰当	恰如	
前	千	前来	前面	潜伏期
强	抢	强调	强度	强有力
		巧妙	侨眷	瞧不起
且		切实	切断	怯生生
亲		亲自	侵略	侵略者
请	轻	青年	情况	轻工业
		穷困	穷人	
求		求证	秋收	球迷们
去	区	去年	区别	
全	权	权利	全国	全国性
却	确	确定	缺点	
		群体	群众	群众性
然	染	燃烧	然后	
让				
		饶命	扰乱	
热		热烈	热心	热心肠
人		人们	人民	人贩子
仍		仍然	仍旧	
日		日期	日本	日用品
		溶解	溶液	
		柔和	柔软	

续表

高频特定单音字		双音略码		三音略码
如	入	如下	如果	
		软件	软化	软弱性
		润色	润滑	
若	弱	若是	若干	
塞				
散		散漫	散布（三月）	
		丧失	丧命	
色		色彩	色盲	
		森林	森严	
杀		杀死	杀人	杀人犯
山	善	陕西	山区	
上	伤	上来	上面	商标法
少	稍	少年	少数	少先队
社	设	设计	设备	奢侈品
深	身	什么	深入	审判员
生	升	生产	生活	生产量
使	时	时间（十分）	时候（十月）	事实上
受	收	受到	首先	受不了
数	书	数量	属于	
				耍花招
		率领	衰落	
双		双手	双方	双职工
水		水分	水平	水电站
顺		顺利	顺序	
说		说明	说话	说不上
似	死	思想	饲料	思想家
		四川	四月	
送	宋	送入	送出	送人情

续表

高频特定单音字		双音略码		三音略码
		搜集	搜查	
素	速	塑料	速度	诉讼法
算		算是	酸痛	酸牛奶
虽	岁	虽然	随着	
		损失	损害	
所		所谓	所有	所有权
他	她	他们	她们	
太	台	态度	台湾	太平洋
谈		谈到	谈话	贪污犯
唐	糖	搪塞	倘若	
套		逃犯	讨论	讨论会
特		特点	特别	特别是
		腾空	疼痛	
题	提	提高	提出	体育场
天	田	天下	天津	天安门
条	跳	调整	条件	
铁		铁证	铁路	
听	停	停止	听见	
同	通	同志	通过	统治者
头	投	投资	投入	投保人
图	土	突然	土地	土耳其
团		团结	团体	团体赛
推	退	推行	推动	推销员
				吞吐量
脱			妥协	托儿所
无		武装	无论（五月）	无线电
挖		瓦解	挖掘	
外		外交	外国	外交部

续表

高频特定单音字		双音略码		三音略码
完	万	完成	完全	
往	望	往来	妄图	
为	位	为了	委员	为什么
问	文	问题	文化	文学家
我		我们	我国	
系		吸收	希望	吸引力
小	笑	小姐	效果	消费者
写		协定	协调	
新	信	心里	信号	新加坡
星		形式	形成	形式上
				凶杀案
修		修理	修改	休假日
需	须	需要	许多	叙利亚
选		选择	宣传	选举权
		学习	学生	学术界
		训练	迅速	训练班
		一切	一般	一系列
以	已	已经	以后	以色列
压		压力	压迫	
言	沿	研究	严重	严重性
样		样品	养成	
要		要是	要求	邀请赛
也	页	业绩	也许	野战军
因	引	因此	因为	
应		应该	影响	营业员
用		勇于	永远	用不着
有	由	由于	有关	优越性
于	与	于是	舆论	于是乎

续表

高频特定单音字		双音略码		三音略码
原	元	原则	原料	原则性
月		约束	月份	越来越
运	云	运用	运动	运动员
		杂质	杂用	
在	再	在于	再生	
		咱们	赞成	
		葬礼	藏族	
早		遭到	造成	
则		责备	责任	
		怎么	怎样	怎么样
		增加	增长	
		诈骗	榨取	诈骗犯
		摘要	债权	债权人
占	站	战争	战斗	战斗力
长		障碍	账户	掌权者
着	找	照片	召开	招待所
着	者	折价	折算	哲学家
		这些	这样	
		二者		
真		真正	镇压	真实性
正		正确	政府	政治犯
之	只	知道	只有	指战员
中	种	重要	中国	重要性
周		周期	周围	周期性
住	主	主要	主席	主席团
抓		抓紧	抓住	
转	传	专门	转动	专利权
装		状态	状况	装饰品

续表

高频特定单音字		双音略码		三音略码
		追求	追究	
准		准备	准确	准确性
		着手	着重	
自	字	自然	自己	自动化
总		总是	总统	总产量
走		走向	走狗	走后门
组		组成	足球	
		钻研	钻营	
最		最小	最后	
			遵守	
作	做	作用	作为	

附表二：后置成分高频特定双音词

1　活动

大肆活动　党团活动　恐怖活动　社会活动　政治活动

思想活动　准备活动

2　阶级

剥削阶级　地主阶级　反动阶级　工人阶级　农民阶级

统治阶级　无产阶级　有产阶级　中产阶级　资产阶级

3　矛盾

敌我矛盾　根本矛盾　基本矛盾　阶级矛盾　民族矛盾

内部矛盾　外部矛盾　制造矛盾　主要矛盾　自相矛盾

4　企业

大型企业　独资企业　工业企业　国有企业　技术企业

科技企业　民办企业　合资企业　乡镇企业　中型企业

5　社会

封建社会　阶级社会　奴隶社会　原始社会

6　世界

称霸世界　宏观世界　精神世界　内心世界　外部世界
微观世界
7　系统
灌溉系统　光学系统　呼吸系统　排水系统　神经系统
消化系统
8　学校
高等学校　公立学校　教会学校　会计学校　民办学校
农业学校　师范学校　商业学校　私立学校　体育学校
专科学校
9　制度
宗法制度　剥削制度　耕作制度　工作制度　规章制度
国家制度　货币制度　婚姻制度　教育制度　经济制度
会计制度　陪审制度　社会制度　司法制度　选举制度
政治制度　专制制度
10　主义
爱国主义　霸权主义　拜金主义　保守主义　本位主义
帝国主义　法西斯主义　封建主义　改良主义　个人主义
共产主义　官僚主义　国际主义　集体主义　教条主义
经验主义　军国主义　浪漫主义　利己主义　列宁主义
马克思主义　盲动主义　冒险主义　民主主义　命令主义
平均主义　人道主义　沙文主义　社会主义　实用主义
投降主义　无政府主义　唯物主义　现实主义　新民主主义
形式主义　虚无主义　殖民主义　折衷主义　种族主义
主观主义　资本主义　宗派主义　军国主义
11　科学
材料科学　基础科学　人文科学　社会科学　应用科学　自然科学

附表三：多音略码词语

被压迫民族　不结盟国家　不结盟运动　从实际出发　厂长负责制　大大地提高　第三次会议　发展生产力　发展中国家　反革命分子　丰富的经验　岗位责任制　个体所有制　更上一层楼　巩固和发展　国内外形势　集体所有制　集团购买力　继承和发扬　加强和改善　加利福尼亚　经济技术开发区　扩大再生产　劳动生产率

两个基本点　两手都要硬　面向现代化　毛泽东思想　民主集中制　全民所有制
群众的力量　热烈的掌声　人民武装部　社会生产力　社会总需求　深度和广度
实现现代化　是否有利于　桃李满天下　为人民服务　无政府状态　唯物辩证法
现代化建设　学习和借鉴　伊斯坦布尔　优点和缺点　有中国特色　正因为如此
指导性计划　指令性计划　中国共产党　中央政治局　爱国统一战线　持续快速健康
党的基本路线　党中央国务院　富强民主文明　高标准严要求　各地区各部门
工农业总产值　宏观调控措施　基本建设投资　计划经济体制　坚持改革开放
精神文明建设　经济结构调整　经济体制改革　科学技术水平　理论联系实际
立场观点方法　两个文明建设　路线方针政策　民族文化传统　民主法制建设
农村包围城市　全面深化改革　人民民主专政　认真贯彻落实　社会主义经济
社会主义建设　市场经济体制　思想政治工作　四项基本原则　提高工作效率
提高经济效益　物质文明建设　物质文化生活　伟大光荣正确　违法乱纪分子
维护世界和平　为群众办实事　现代企业制度　宣传思想工作　一百年不动摇
优化经济结构　在党的领导下　在很大程度上　在这个基础上　在这种情况下
政治体制改革　中央工作会议　走自己的道路　半殖民地半封建　改革开放的步伐
国民生产总值　加快改革和发展　经久不息的掌声　欧洲共同体　批评和自我批评
勤俭办一切事业　生产资料公有制　维护群众的利益　新民主主义革命
现代化建设事业　宣传思想工作者　一个巴掌拍不响　以阶级斗争为纲
中华人民共和国　资产阶级共和国　资产阶级自由化

附表四：速录机对形码元的录入

形码元	并击的音节码	读法	形码元	并击的音节码	读法	形码元	并击的音节码	读法
刍	dao：xue	zou	吕	kou：kou	lv	戋	jian：heng	jian
走	zou：heng	zou	来耒	lai：heng	lai	讠	yan：dian	yan
子	zi：zhe	zi	孓	le：na	zi	孑	jie：zhe	zi
爿	zhuang：zhe	zhuang	辶	zou：dian	zou	廴	zou：zhe	zou
豸	zhi：pie	zhi	卤	lu：zhi	lu	疒	bing：dian	bing
一巛	zhe：zhe	zhe	已乜	zhe：yi	yi	丩	zhe：zhi	
衣衤	yi：dian	yi	穴	bao：BW	xue	氐	shi：dian	di

续表

形码元	并击的音节码	读法	形码元	并击的音节码	读法	形码元	并击的音节码	读法
弋	yi：heng	yi	艹	cao：heng	cao	丬	zhuang：dian	zhuang
幺	yao：zhe	yao	么	me：pie	me	川巛	chuan：pie	chuan
讠言	tou：kou	yan	竹⺮	zhu：pie	zhu	艮	gen：zhe	gen
心	xin：dian	xin	忄	xin：zhi	xin	犬	quan：heng	quan
攵	wen：pie	wen	彡	wen：pie	san	夊	wen：pie	wen
囗	wei：zhi	wei	小⺌	xiao：zhi	xiao	廾	hui：heng	hui
冖	tu：dian	tu	八	BW：pie	ba	丷	dian：pie	ba
糹纟厶	si：zhe	si	三	WN：heng	san	彳	shuang：pie	shuang
糸	si：zhe	si	系	yao：xiao		豕	shi：heng	
氏	shi：pie	shi	扌	shou：heng	shou	币	bi：pie	bi
巳	si：zhe	shi	彐	xue：zhe	xue	凡	fan：pie	fan
示	XWE：xiao	shi	火灬	huo：dian	huo	文	wen：dian	wen
十	XZW：heng	shi	卜	bo：zhi	bo	冫	liang：dian	liang
日曰	ri：zhi	ri	月	yue：pie	yue	爫爪	zhao：pie	zhao
人	亻𠂉 ren：pie	ren	龴	zhe：dian		乄	cha：dian	
犭	quan：pie	quan	亢	tou：ji	kang	礻	shi：dian	shi
丿厂	pie：pie	pie	一	WI：heng	heng	亅丨	zhi：zhi	zhi
牜牛𠂒	niu：pie	niu	丶	dian：dian	dian	臼	jiu：pie	jiu
内內	nei：zhi	nei	水	shui：zhi	shui	氵氺	shui：dian	shui
黾	kou：dian	min	隹	zhui：pie	zhui	亽今	ren：dian	
卤	lu：zhi	lu	月	yue：pie	yue	丆	Heng：pie	
老耂	lao：heng	lao	羊羊⺶	yang：dian	yang	圭	tu：tu	gui
金	jin：pie	jin	⺌	xiao：tu		钅	jin：pie	jin
丌	heng：zhi		万卍	wan：heng	wan	兀	wu：heng	wu
戈	ge：heng	ge	韦	wei：heng	wei	丰⺷	feng：heng	feng
鬲	ge：heng	ge	食飠	ren：liang	shi	饣	shi：pie	shi
阝	XE：zhe	er	卩	jie：zhe	jie	刀	dao：zhe	dao
二	XWE：heng	er	亠头	tou：dian	tou	乚	yi：yi	yi

续表

形码元	并击的音节码	读法	形码元	并击的音节码	读法	形码元	并击的音节码	读法
刂	dao：zhi	dao	勹	bao：pie	bao	厂	chang：heng	chang
夫	chun：heng	chun	足	kou：zou	zu	隹	zhui：shi	
舛	xi：niu	chuan	缶	fou：pie	fou	虎	hu：ji	hu
𠂇	chang：heng	chang	冂	men：zhi	men	门	men：dian	men
长	chang：heng	chang	丏	gai：heng	gai	尢	tu：er	shen
匕	bi：pie	bi	肀聿	yu：zhe	yu	殳	ji：you	shu
宀	bao：dian	bao	凵中	chu：zhe	chu	丂	kao：heng	kao
厄	chang：jie		攴	wen：zhi	wen	气	qi：pie	
虫	chong：zhi		后	hou：pie		斤	jin：pie	
大	da：heng		叫	kou：zhi		山	shan：zhi	
鱼	dao：heng		革	ge：heng		骨	gu：zhi	
耳	er：heng		臣	chen：heng		西覀	xi：heng	
非	fei：zhi		皁	bai：XZW（十）	zao	髟	chang：WN	
父	fu：pie		方	fang：dian		斗	dou：dian	
工	gong：heng		士土	XZW：heng		寸	cun：heng	
瓜	gua：pie		用	yong：pie		乌	niao：pie	
麻	guang：lin		鹿	guang：bi		匕	bi：pie	
鬼	gui：pie		丰风乒	feng：pie	feng	音	li：ri	
黑	hei：zhi		虍	hu：zhi		入	ru：pie	
户	hu：dian		毋	wu：zhi		车	che：heng	
几	ji：pie		儿	er：pie		力	li：zhe	
见	jian：zhi		西覀	xi：heng		页頁	ye：heng	
巾	jin：zhi		夕	xi：pie		广	Guang：dian	
立	li：dian		疋⺪	pi：zhe	pi	皮	pi：pie	
矛	mao：zhe		母	mu：zhe		丆	heng：pie	
木	mu：heng		歹	heng：xi		比	bi：bi	
目	mu：zhi		田	tian：zhi		皿	min：zhi	
女	nv：zhe		马	ma：zhe		王	wang：heng	

续表

形码元	并击的音节码	读法	形码元	并击的音节码	读法	形码元	并击的音节码	读法
片	pian：pie：		牙	ya：heng		爻	cha：cha	
生	sheng：pie		罒	ZW：zhi		臼	jiu：pie	
石	shi：heng		龙	long：heng		业	ye：zhi	
矢	shi：pie		禾	he：pie		白	bai：pie	
尸	shi：zhe		己	ji：zhe		弓	gong：zhe	
瓦	wa：heng		止	zhi：zhi		贝	ben：zhi	
支	XZW：you		癶	deng：zhe	deng	甘	gan：heng	
又	you：zhe		飞	fei：zhe		彑	zhe：heng	
亍	Heng：DIN	jie	商	Tou：gu	zhai	手	Shou：pie	Shou
旡	Heng：zhe	（Ji）	佥	Ren：xing	Jian	卂	Fan：zhe	Fan
镸	Zhang：heng		勹	Bao：pie	bao	乂	Cha：cha	Cha
纛	DU：XI	dao	槠	Mu：zhu	zhu	芈	Zhi：feng	mi
						芈	Zhi：Zhi（8）	Mi（三声）

形码的原则

（1）**前字音＋后字音**。取大不取小。如“谢”字，取“讠”与“射”并击。如“趑”字，取“走”与“次”并击。适用于非独体字

（2）**前字音＋后笔画名**。如“孓”字，并击 XD：XBDA。

（3）**前笔画名＋后字音**。如“自”字，并击 BGIE：XB（pie：mu）

（4）**前笔画名＋后笔画名**。如“工”字，并击 XGNE：XGNE（heng：heng），如“八”字，并击 BGIE：XBDA（pie：na），如“亍”字，并击 XGNE：DIN（heng' ding）。如“丷”，取“丶”与“丿”并击。

＊（5）**字音＋前笔画名**。如“讠”字，并击 INA：DINA（yan：dian）。一般用于对形码元。

＊（6）**前字音＋后笔类似字音**。如“嬛”，应取“女”与“衣”并击。如“犨”，应取“夕”与“牛”并击。

最常用的形码录入原则：

一般对非独体字的录入是：（1）前字音＋后字音。

一般对偏旁部首（形码元）的录入是：（5）字音＋前笔画名。

注：

①“亅、丨”在形码中的读法是“直”，如“目”字，并击mu：zhi。

②“一”在形码中读“横”，如“面”字，并击“mian：heng”。

③有一些需要结合数字特定打法，如“十、士”字，并击XZW：XGNE（十：横）。如“华”，应是“七”与特定码的“十”并击。